5

D wie Deutsch

Arbeitsheft
Basis mit zusätzlicher Förderung

Herausgegeben von Dorothee Braun und Renate Teepe

Erarbeitet von
Margret Angel, Ulrich Deters, Sandra Heidmann-Weiß,
Michaela Krauß, Corinna Landmann, Ricarda Lohrsträter,
Mona Miethke-Frahm, Isabel Tebarth, Renate Teepe,
Eva Wannemacher, Barbara Wohlrab

Cornelsen

Neben diesem Arbeitsheft gibt es das Arbeitsheft Basis und Plus – mit und ohne interaktive Übungen.

Textquellen:
S. 46–47: Grimm, Jacob und Wilhelm: Der süße Brei (vereinfachter und gekürzter Text). Aus: Kinder- und Hausmärchen. Gesammelt durch die Brüder Grimm. 3 Bände. Frankfurt/M (Insel) 1984. **S. 48–49:** Grimm, Jacob und Wilhelm: Der Froschkönig (vereinfachter und gekürzter Text). A. a. O. **S. 52–53:** Mascha und der Bär. Nacherzählung. **S. 55:** Brecht, Bertolt: Der Pflaumenbaum. Aus: B. B.: Die Gedichte in einem Band. Frankfurt/M (Suhrkamp) 1981, S. 647. **S. 56:** Guggenmos, Josef: Der Regenbogen. Aus: J. G.: Groß ist die Welt. Die schönsten Gedichte. Weinheim (Beltz & Gelberg) 2006, S. 31. **S. 58:** Kaléko, Mascha: Es regnet. Aus: M. K.: Die paar leuchtenden Jahre. München (dtv) 2003, S. 164. **S. 62:** Erhardt, Heinz: Die Made. Aus: H. E.: Die Gedichte. Oldenburg: Lappan 2015. **S. 64:** Erhardt, Heinz: Der Kabeljau. A. a. O.

Bildquellen:
S. 3 (1): Fotolia/Marcel, (2): Fotolia/lukasbeno; **S. 6** (1): Fotolia/Michael Rosskothen, (2): Avalon/juniors@wildlife, (3): Fotolia/Rudi Ernst; **S. 7** (1): Fotolia/Michael Rosskothen, (2): Avalon/juniors@wildlife, (3): Fotolia/Rudi Ernst; **S. 8** (1): Fotolia/Marcel, (2): F1online/Reinhard Dirscherl; **S. 9:** OKAPIA/Jim Zipp; **S. 10** (1): Fotolia/Marcel, (2): F1online/Reinhard Dirscherl, (3): OKAPIA/Jim Zipp; **S. 12** (1): Fotolia/Stefan Schurr, (2): Fotolia/neirfy, (3): Fotolia/Mushy, (4): Fotolia/Daniel Fleck; **S. 13:** Fotolia/Belish; **S. 14:** Fotolia/Annett Goebel; **S. 26:** Fotolia/ThinMan; **S. 28:** Fotolia/lukasbeno; **S. 32** (1): Fotolia/PhotoSG, (2): F1online/imagebroker; **S. 76:** Colourbox/Andrii Vergeles; **S. 78:** Colourbox; **S. 82:** Fotolia/beats; **S. 83:** Colourbox/compuinfoto; **S. 89:** Fotolia/sommaiphoto; **S. 91:** Fotolia/mirkograul; **S. 93:** Fotolia/Edyta Guhl; **S. 95:** Fotolia/pagnacco; **S. 102:** Colourbox (Federball/Schläger), Fotolia/belamy (Medizinball), Fotolia/mtsaride (Softball), Colourbox (Fußball), Shutterstock/jean.cuomo (Bank), Shutterstock/Ronald Sumners (Turnerin); **S. 106:** Fotolia/Dozey; **S. 107:** Fotolia/tinadefortunata; **S. 110:** Fotolia/VanderWolf Images; **S. 111:** Fotolia/roostler

Illustrationen:
Raimo Bergt, Berlin: S. 3–5, 16–20, 22–23, 66–71, 73, 75, 77, 80–81, 84–85; **Tobias Dahmen,** Utrecht: S. 3, 46–50, 52–53; **Gregor Mecklenburg,** Pinneberg; S. 3–4, 27, 30, 36–38, 42, 74, 79, 86, 88, 90, 92, 94, 96–98, 100, 103–105, 108–109; **Dorina Tessmann,** Berlin: S. 3, 56–59, 62

Impressum

Projektleitung: Gabriele Biela
Redaktion: Susanne El-Gindi, Dietlinde Thomas
Umschlaggestaltung: Rosendahl Berlin, Berlin
Layout, Grafik und technische Umsetzung: Klein & Halm Grafikdesign, Berlin

www.cornelsen.de

Alle Drucke dieser Auflage sind inhaltlich unverändert
und können im Unterricht nebeneinander verwendet werden.

Druck: ppm Fulda GmbH & Co. KG, Fulda

1. Auflage, 7. Druck 2024

Arbeitsheft
Basis mit zusätzlicher Förderung
ISBN 978-3-06-200003-4

1. Auflage, 4. Druck 2023

Arbeitsheft mit interaktiven Übungen
Basis mit zusätzlicher Förderung
ISBN 978-3-06-200016-4

Inhaltsverzeichnis

Inhaltsverzeichnis

1 Unbekanntes aus der Tierwelt – *lesen mit Strategie*

In diesem Kapitel lese ich einen Sachtext.
Der Lese-Profi hilft mir, einen Text zu lesen und zu verstehen.

Schritt 1: **Vor dem Lesen** **Ich sehe mir die Bilder an.** **Ich lese die Überschrift.**	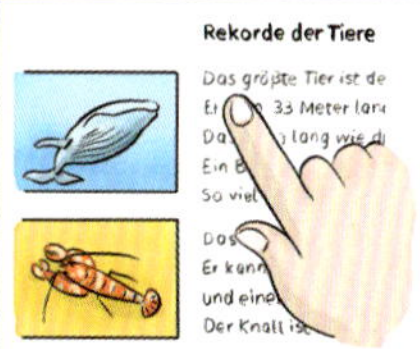	– Welche Informationen geben mir die Bilder und die Überschrift? – Was weiß ich schon über das Thema?
Schritt 2: **Beim ersten Lesen** **Ich sehe mir den ganzen Text an.** **Ich lese ihn einmal durch.**		Was fällt mir auf? – blau gedruckte Wörter – Abschnitte – Zahlen
Schritt 3: **Beim genauen Lesen** **Ich lese den Text genau.**		– Welche Informationen erhalte ich in den Abschnitten? – Welche Wörter kenne ich nicht?
Schritt 4: **Nach dem Lesen** **Ich arbeite mit dem Inhalt des Textes.**		– Welche Informationen sind für mich wichtig? – Was soll ich mit den Informationen tun?

Nach dem Lesen arbeite ich mit dem Inhalt, zum Beispiel:
- Ich **fasse** die **Informationen** des Textes mit meinen Worten **zusammen**.
- Ich schreibe **Stichworte** heraus.
- Ich schreibe einen **Steckbrief**.
- Ich schreibe einen **informierenden Text**.

Info

Einige Merkmale eines Sachtextes helfen beim Lesen:
- **Bilder und Karten** verdeutlichen wichtige Informationen.
- Die **Überschrift** verrät das Thema des Textes.
- Die **Zwischenüberschriften** sagen, worum es in dem Abschnitt geht.
- Die **Abschnitte:** Was in einem Abschnitt steht, gehört zusammen.
- Die **Schlüsselwörter** sind wichtige Wörter (oft blau gedruckt).
  Sie helfen, den Text zu verstehen.

Rekorde der Tiere – lesen mit dem Lese-Profi

Du liest einen Sachtext über besondere Tiere.
Der Lese-Profi hilft dir beim Lesen und Verstehen.

Schritt 1: Vor dem Lesen
Ich sehe mir die Bilder an. Ich lese die Überschrift.

1 Welche Tiere siehst du unten auf den Bildern? Kreuze an.

- ☐ die Schildkröte
- ☐ die Spinne
- ☐ der Wal
- ☐ der Krebs

2 Worum geht es in dem Sachtext?
Lies die Überschrift. Schreibe deine Vermutung auf.

In dem Text geht es um ____________________

____

Rekorde der Tiere

Das **größte Tier** ist der **Blauwal**. Er kann **33 Meter lang** werden. Das ist **so lang wie drei Busse** hintereinander. Ein Blauwal wird bis zu **200 Tonnen schwer**. So viel wiegen **50 Elefanten** zusammen.

Das **lauteste Tier** ist der **Pistolenkrebs**. Er lebt im Meer. Er kann mit seiner Schere* einen Wasserstrahl und **einen Knall** auslösen. Der Knall ist unglaublich laut: **über 200 Dezibel****. Das ist sehr viel **lauter als** ein **Düsenflugzeug**.

Die **Riesenschildkröten** werden **am ältesten**. Die Riesenschildkröte „Adwaita" lebte **in einem Zoo** in Indien. Sie wurde **über 250 Jahre alt**. Das ist **doppelt so alt wie** der **älteste Mensch**.

* die Schere: der Greifarm vom Krebs ** Dezibel: Die Lautstärke wird in Dezibel gemessen.

Schritt 2: Beim ersten Lesen
Ich sehe mir den ganzen Text an. Ich lese ihn einmal durch.

3 Um welche drei Tiere geht es? Markiere sie im Text.

Schritt 3: Beim genauen Lesen
Ich lese den Text genau: Satz für Satz und Abschnitt für Abschnitt.

4 Was sagt der Text über die Rekorde der Tiere?
Schreibe zu jedem Tier Stichworte auf.
Die blau gedruckten Schlüsselwörter helfen dir.

der Blauwal: *das größte Tier, 33 Meter lang, so lang wie drei Busse,* ______

______

der Pistolenkrebs: ______

______

______

die Riesenschildkröte: ______

______

______

Schritt 4: Nach dem Lesen
Ich arbeite mit dem Inhalt des Textes.

5 Du hast einiges über die Rekorde der drei Tiere gelesen.
Welche weiteren Informationen passen zu welchem Tier? Verbinde.

Im Zoo werden sie am ältesten.
In Freiheit werden sie oft nur 100 Jahre alt.

Sein Herz kann so groß wie ein Auto werden.

Mit dem Wasserstrahl und dem Knall fängt er seine Nahrung.

6 Wähle ein Tier aus: Blauwal, Pistolenkrebs oder Riesenschildkröte.
a. Schreibe das Tier als Überschrift in dein Heft.
b. Schreibe interessante Informationen zu diesem Tier auf.
Die Antworten aus den Aufgaben 4 und 5 helfen dir.

Die schnellsten Tiere der Welt – lesen mit dem Lese-Profi

Du liest einen Sachtext über die schnellsten Tiere. Der Lese-Profi hilft dir beim Lesen und Verstehen.

Schritt 1: Vor dem Lesen
Ich sehe mir die Bilder an. Ich lese die Überschrift.

1 Worum geht es in dem Sachtext?
a. Sieh dir die Bilder an, lies die Überschrift.
b. Schreibe deine Vermutung auf.

In dem Text geht es um ____________________

____

Die schnellsten Tiere der Welt

(1) An Land, im Wasser, in der Luft – überall gibt es Tiere, die unglaublich schnell sind. Doch wer sind die schnellsten Tiere?

(2) ____________________

Der **Gepard** ist das **schnellste Tier an Land**. Er ist eine Raubkatze und **lebt in Afrika**. Der Gepard erreicht eine **Geschwindigkeit von 110 km/h*** auf einer Strecke von 100 Metern. Er ist damit **fast dreimal so schnell wie** der schnellste **Mensch**. Der Gepard hat einen **schlanken Körper** und **lange, kräftige Beine**. So kann er schnelle Beutetiere jagen, zum Beispiel Antilopen.

(3) ____________________

Der **Fächerfisch** ist der **schnellste Raubfisch** im Meer. Seine **Rückenflosse** sieht aus **wie ein großer Fächer**. Beim Jagen erreicht er eine **Geschwindigkeit von 100 km/h**. Sein spitzes **Maul** ist **wie ein Schwert** geformt. Damit **jagt** er **Fische**, zum Beispiel Sardinen. Er **schießt** dann **durch den Fischschwarm**** und **schleudert einzelne Fische** aus dem Schwarm **heraus**, um sie zu fressen.

*km/h (sprich: ka em ha): Kilometer pro Stunde. Mit km/h wird die Geschwindigkeit angegeben.
**der Fischschwarm: sehr viele Fische, die alle in dieselbe Richtung schwimmen

(4) ____________________

Der **Wanderfalke** ist das **schnellste Tier in der Luft**. Er ist ein Greifvogel, der fast überall auf der Welt lebt. Der Wanderfalke **jagt kleine Vögel**. Er **stürzt** sich **aus großer Höhe** auf die Vögel, die unter ihm fliegen. Dabei **klappt** er **seine Flügel ein**. So bietet er **fast keinen Luftwiderstand***. Im **Sturzflug** erreicht er eine Geschwindigkeit von **300 km/h**. Der Wanderfalke **greift die Beute** mit seinen Krallen. Dann landet er auf dem Boden, um **die Beute** zu **fressen**.

*der Luftwiderstand: Er gibt an, wie stark ein Körper von der Luft abgebremst wird.

Schritt 2: Beim ersten Lesen
Ich sehe mir den ganzen Text an. Ich lese ihn einmal durch.

2 Zähle die Abschnitte des Textes.

3 Um welche drei Tiere geht es?
Markiere die Namen der Tiere im Text.

4 Die Zwischenüberschriften fehlen im Text.
Schreibe eine passende Zwischenüberschrift über die Abschnitte.

Im Wasser | *An Land* | *In der Luft*

Ich lese die Schlüsselwörter und die Zahlen. Sie sind blau gedruckt.

5 Die Zahlen geben dir Informationen über die Geschwindigkeit der Tiere.
Ergänze die Sätze.

a. Wie schnell ist der Gepard?

Der Gepard erreicht eine Geschwindigkeit von __________ km/h.

b. Wie schnell ist der Fächerfisch?

Der Fächerfisch erreicht eine Geschwindigkeit von __________ km/h.

c. Wie schnell ist der Wanderfalke?

Im Sturzflug erreicht der Wanderfalke __________ km/h.

Schritt 3: Beim genauen Lesen
Ich lese den Text genau: Satz für Satz und Abschnitt für Abschnitt.

6 Einige Wörter sind mit * markiert. Die Erklärungen stehen unter dem Text. Verbinde die Wörter mit der passenden Erklärung.

der Luftwiderstand	Das sind sehr viele Fische, die alle in dieselbe Richtung schwimmen.
km/h	Er gibt an, wie stark ein Körper von der Luft abgebremst wird.
der Fischschwarm	Das bedeutet: Kilometer pro Stunde. Mit km/h wird die Geschwindigkeit angegeben.

7 Erkläre das Wort **Beutetiere** (Text, Zeile 10) mit deinen Worten.

gejagt, gefressen

Beutetiere

Die blauen Schlüsselwörter helfen dir, wichtige Informationen zu finden.

8 Beantworte die W-Fragen zum Text mit Hilfe der Schlüsselwörter.

a. Was ist das Besondere an dem Körper des Geparden?

b. Wie jagt der Fächerfisch seine Beute?

c. Wie kann der Wanderfalke so schnell werden?

Schritt 4: Nach dem Lesen
Ich arbeite mit dem Inhalt des Textes. Ich schreibe einen Steckbrief.

9 Du hast Informationen zu den schnellsten Tieren erhalten.
a. Lies die Stichworte über das Aussehen und die Größe der Tiere.
b. Welches Tier passt dazu? Schreibe das Tier auf.

____

das Aussehen: Oberseite blaugraue Federn, Unterseite hell mit dunklen Flecken auf der Brust
die Größe: 35 bis 50 cm groß

____

das Aussehen: Oberseite dunkelblau bis braun, Bauch silbrig weiß
die Größe: ungefähr 250 cm lang

____

das Aussehen: goldgelbes Fell mit schwarzen Flecken
die Größe: 150 cm lang, Schwanz 70 cm lang

10 Welches der drei Tiere findest du besonders interessant?
Erstelle einen Steckbrief.
a. Schreibe den Namen des Tieres auf die erste Schreiblinie.
b. Schreibe nun den Steckbrief in Stichworten.
Der Text und deine Antworten zu den Aufgaben 5, 8 und 9 helfen dir.

der Steckbrief: _______________

das Aussehen: _______________

die Größe: _______________

die Nahrung / die Beute: _______________

die Geschwindigkeit: _______________

Tierische Hochspringer – lesen mit dem Lese-Profi

Der folgende Sachtext informiert dich über unglaubliche Leistungen und Rekorde einiger Tiere. Der Lese-Profi hilft dir beim Lesen und Verstehen.

Schritt 1: Die Aufgaben helfen dir zu überlegen, worum es in dem Text gehen könnte.

1 **a.** Was siehst du auf den Bildern?

Auf Bild 1 erkenne ich ________________

____

b. Lies die Überschrift. Worum geht es in dem Sachtext? Schreibe deine Vermutung auf:

____

Die Hochspringer in der Tierwelt

1 Im **Hochsprung** hat der Mensch gegen viele Tiere keine Chance. Was bedeutet schon der **Weltrekord** von 2,45 m? Damit könnte der Leichtathlet nicht gewinnen, wenn Tiere zu den Wettkämpfen zugelassen würden. Ein gutes **Turnierpferd** springt ähnlich hoch, trägt dabei aber noch einen Reiter. Das **Känguru** hüpft aus dem Stand ungefähr 3,60 m hoch, der **Puma** schafft sogar 5,50 m und der **Delfin** kann sich bis auf 7 m von der Wasseroberfläche entfernen. Aber es gibt auch Tiere, über die unsere tierischen Hochspringer lächeln würden – wenn sie denn könnten. Der **Floh** ist sehr klein und daher gelingen ihm nur 30 cm Höhe. Die **Wiesenschaumzikade** kann immerhin 70 cm hochspringen.

2 Anders sieht die Reihenfolge aus, wenn man die **Sprungleistungen im Verhältnis zur Körpergröße** betrachtet. Da sind die **Kleinsten die Größten**. Der **Floh** erreicht eine Höhe, die dem **100-Fachen seiner Körpergröße** entspricht. Hätte ein Mensch die Sprungkraft des Flohs, könnte er locker die **Cheops-Pyramide** in Ägypten überqueren. Einsamer Hochsprungweltrekordhalter unter dem Aspekt Verhältnis Körpergröße zu Sprungleistung ist die **Wiesenschaumzikade**. Das gerade mal 6 mm lange Insekt kann bis zu 70 cm hochspringen. Das würde dem Sprung eines durchschnittlich großen Mannes auf einen **210 m hohen Wolkenkratzer** entsprechen. Im Verhältnis zu ihrer Körpergröße schlägt sie damit alle anderen Tiere, auch den Floh.

1

2

3
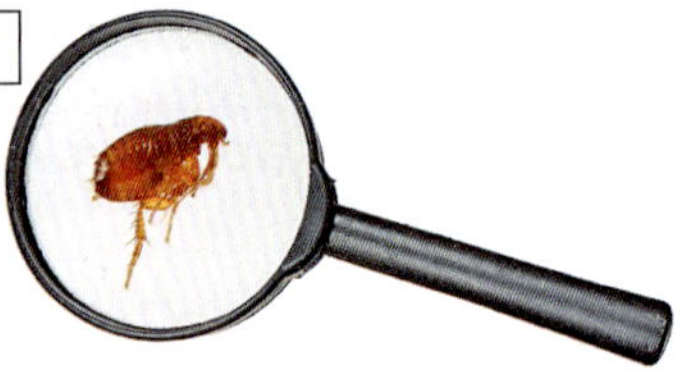

4

3 Wie machen die Kleinen das nur? Mit Muskelkraft allein ist das nicht zu schaffen. Sie haben in ihren Gelenken eine elastische Masse, die sie nach oben katapultiert. Das funktioniert so, als würde ein Bogenschütze seinen Bogen spannen und den Pfeil dann steil in die Höhe schießen. Diese elastische Masse heißt Resilin. Sie ermöglicht dem Floh und der Zikade sehr hohe und weite Sprünge.

5

Schritt 2: Die Aufgaben helfen dir, einen Überblick über den Text zu erhalten.

2 Du überlegst: Welche Informationen geben mir die blau gedruckten Schlüsselwörter?

a. Folgende Tiere werden genannt:

b. Folgende Zahlen und Größenangaben sind blau gedruckt:

3 Welcher der folgenden Sätze ist richtig? Kreuze an.
Bei dem Text handelt es sich um …

A ☐ einen Bericht über die Olympischen Spiele der Tiere.

B ☐ einen Sachtext über Tiere, die sehr hoch springen können.

C ☐ ein Märchen, in dem Tiere wie Menschen springen.

Schritt 3: Die Aufgaben helfen dir, den Text genau zu lesen.

4 Der Text ist in drei Abschnitte eingeteilt.
Welche Informationen erhältst du in den einzelnen Absätzen?
Schreibe zu jedem Absatz einen Satz auf.
Achtung! In Abschnitt 3 markierst du zunächst Schlüsselwörter.

Absatz 1:

Absatz 2:

Absatz 3:

5 Du kannst die Informationen noch besser zusammenfassen, wenn du zu den Abschnitten jeweils eine Überschrift aufschreibst:

Abschnitt 1: Wer springt am höchsten?

Abschnitt 2:

Abschnitt 3:

6 Erkläre den Satz: „Anders sieht die Reihenfolge aus, wenn man die **Sprungleistungen im Verhältnis zur Körpergröße** betrachtet." Wähle zur Veranschaulichung ein Beispiel aus dem Text oder überlege dir ein eigenes Beispiel.

7 Beantworte folgende Frage:
Weshalb wird in dem Text die Wiesenschaumzikade als „Hochsprungweltrekordhalter" bezeichnet, obwohl sie nur 70 cm hoch springt?

Schritt 4: Die Aufgaben helfen dir, die Informationen des Sachtextes für dich und andere zu nutzen.

8 Schreibe einen eigenen Text mit den Informationen, die du über die Wiesenschaumzikade erhalten hast. Verwende dazu folgende Wörter:

Wiesenschaumzikade | 6 mm lang | 70 cm | Verhältnis zu ihrer Körpergröße | elastische Masse

Schreibe den Text in dein Heft. So kannst du beginnen:
Die Wiesenschaumzikade ist ein erstaunliches Tier. Sie ist …

9 Überarbeite deinen Text mit Hilfe der folgenden Fragen:
- Enthält mein Text alle wichtigen Informationen über die Wiesenschaumzikade? Tipp: Schlage im Lösungsheft nach.
- Hat mein Text eine interessante Überschrift?
- Habe ich geprüft, ob in meinem Text alle Wörter richtig geschrieben sind?
- Habe ich gegebenenfalls die Fehler korrigiert?

2 Ein besonderer Tag – *sachlich beschreiben*

In diesem Kapitel beschreibe ich einen Weg oder einen Gegenstand.

Mit dem Schreib-Profi kann ich Texte planen, schreiben und überarbeiten.

Schritt 1: Vor dem Schreiben **Ich plane meinen Text.** **Ich sammle wichtige Wörter.**	– Für wen schreibe ich? – Was will ich mit meinem Text erreichen? – Welche Wörter brauche ich?
Schritt 2: Beim Schreiben **Ich schreibe und nutze Hilfen:** **– meine Stichworte** **– eine Checkliste** **– ein Wörterbuch**	– Was ist wichtig für meinen Text? – Wie schreibe ich meinen Text? – Was muss ich zuerst schreiben, was schreibe ich danach?
Schritt 3: Nach dem Schreiben **Ich überarbeite meinen Text.** **Ich berichtige Fehler.**	– Ist mein Text zu verstehen? – Habe ich an alles Wichtige gedacht? – Habe ich alles richtig geschrieben?

Meine Beschreibung hilft einem anderen, sich etwas genau vorzustellen.

Einen Weg beschreiben

Ich beschreibe den Weg in der **Reihenfolge**, in der man ihn gehen muss.	*Zuerst …/Als Erstes …/Danach …/ Dann …/Nun …/Zum Schluss …*
Ich beschreibe die **Richtung**, in die man gehen muss.	*geradeaus/nach links/nach rechts/ den Gang entlang/bis zur Ecke*
Ich nenne **auffällige Dinge**.	*Bilder/Pflanzen/die Farben der Türen*

Einen Gegenstand beschreiben

Ich beschreibe das **Material** und die **Farbe**.	*aus Kunststoff/aus Leder/aus Metall/ dunkelrot/hellblau/einfarbig/bunt*
Ich beschreibe die **Form** und die **Größe**.	*rund/eckig/quadratisch/ klein/groß/ungefähr 50 cm lang*
Ich nenne **auffällige Dinge**.	*Aufkleber/Knöpfe/der Griff/das Muster*

Die Schatzsuche – Wege beschreiben

Bald ist Schulfest.
Die Klasse 5c plant eine Schatzsuche auf dem Schulhof.
Die Kinder beschreiben den Weg vom Start zum Schatz.

1 Die Schatzsuche beginnt am Schultor.
a. Sieh dir den Plan mit dem Schulhof genau an.
b. Markiere den Start mit ↑.

2 a. Lies die Wegbeschreibungen auf den Zetteln 1 bis 4.
b. Markiere die Satzanfänge wie im Beispiel.

1 *Zuerst gehst du zum Baum.*

2 *Dann läufst du zur Tischtennis-platte.*

3 *Danach gehst du über die Wackelbrücke.*

4 *Zum Schluss findest du den Schatz hinter den Bänken.*

3 Zeichne auf dem Plan den Weg vom Start bis zum Schatz ein.

4 Zeichne den Schatz an der richtigen Stelle ein.

Said überlegt sich noch eine Schatzsuche.

5 Said hat den Weg auf dem Plan eingezeichnet.
a. Zeichne den Weg vom Schultor zum Schatz nach.
b. Zeichne den Schatz ein.

Said will den Weg zum Schatz beschreiben. Er überlegt, in welcher Reihenfolge man den Weg beschreiben muss.

6 a. Lies Saids Denkblasen.
b. Nummeriere die Denkblasen in der richtigen Reihenfolge von 1 bis 4.

☐ *Zum Schluss findest du den Schatz unter der Wackelbrücke.*

☐ *Danach gehst du zum Kletternetz.*

☐ *Zuerst gehst du zum Fußballtor.*

☐ *Dann läufst du zum Baum.*

7 Schreibe die Sätze auf die Zettel. Beachte die richtige Reihenfolge.

1 *Zuerst* ______________________

2 ______________________

3 ______________________

4 ______________________

Bald ist Schulfest – Wege beschreiben

Das ist die Schule von Lina, Dilek, Hannes und Timo.
Sie besuchen zusammen die Klasse 5 a.

1 Sieh dir den Plan der Schule genau an.

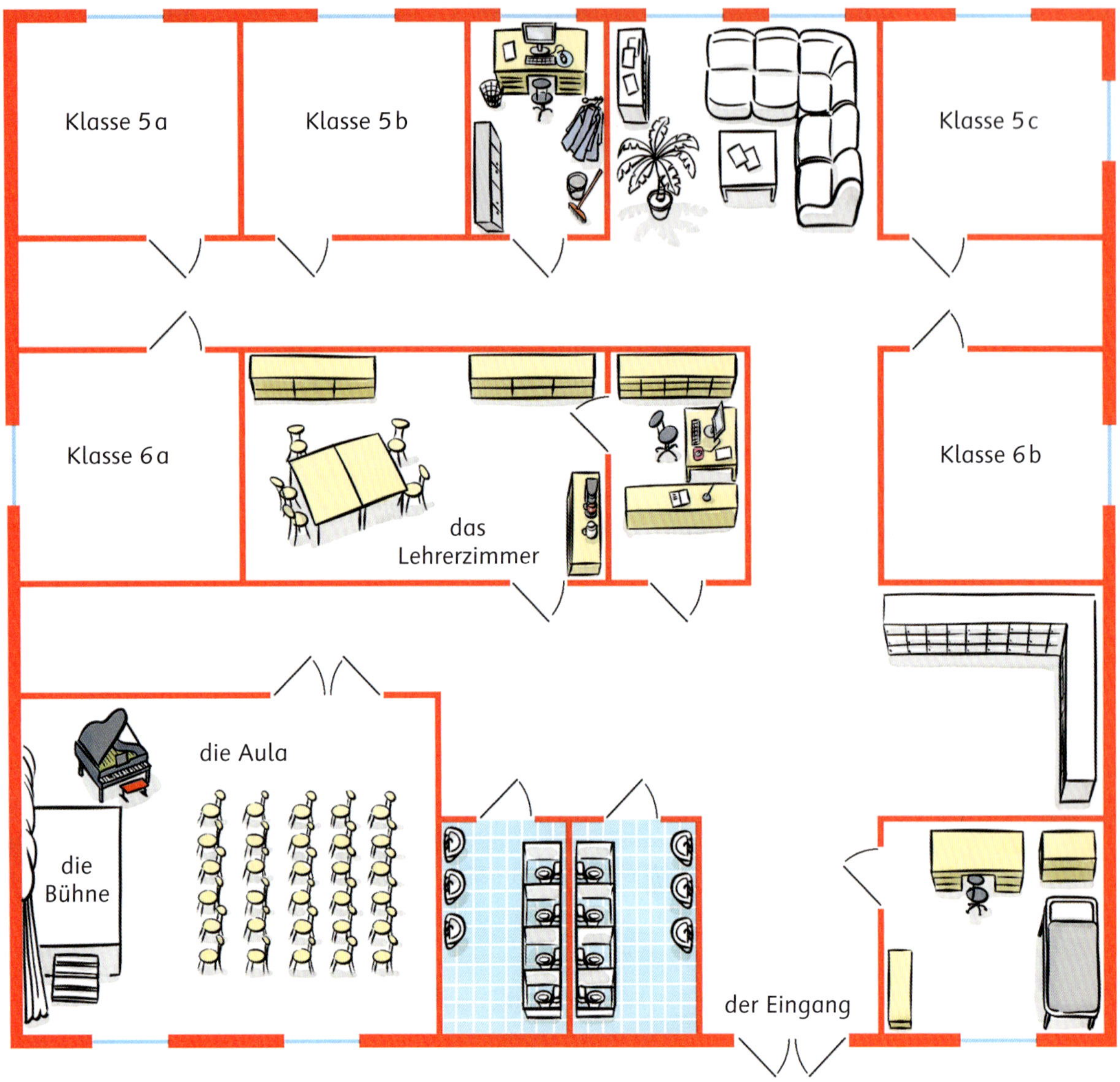

Am nächsten Samstag ist das Schulfest.
Die Kinder schmücken die Schule.

2 a. Dilek schmückt die Sitzecke mit Girlanden.
Male die Sitzecke farbig an.

b. Lina und Timo hängen in der Aula Luftballons auf.
Male die Bühne der Aula farbig an.

c. Hannes stellt Laternen auf die Schließfächer.
Male die Schließfächer farbig an.

**Die Klasse 5a übt in der Aula einen Tanz.
Timo soll für die Musikanlage ein Kabel
vom Hausmeister holen.
Er ist neu an der Schule und kennt den Weg nicht.**

3 Markiere auf dem Plan der Schule (Seite 18):
- den Start: die Tür der Aula
- das Ziel: den Raum des Hausmeisters

4 Lina beschreibt Timo den Weg.
a. Lies die Wegbeschreibung.
b. Ergänze in der Beschreibung die Angaben mit Hilfe des Plans.

Zuerst wendest du dich nach rechts.

Dann gehst du geradeaus bis zu den Schließfächern.

Dort musst du nach links gehen.

Danach läufst du geradeaus den Gang entlang.

Du siehst dann ______________________.

das Krankenzimmer | die Sitzecke

Nun wendest du dich ______________________.

nach rechts | nach links

Du gehst ______________________ vorbei.

an der Palme | an den Toiletten

Schließlich ist rechts der Raum des Hausmeisters.

5 Prüfe die Wegbeschreibung.
Zeichne den Weg in den Plan auf Seite 18 ein.

6 Die Reihenfolge ist bei einer Wegbeschreibung wichtig.
Markiere die folgenden Wörter in der Beschreibung.

Zuerst | Dann | Danach | dann | Nun | Schließlich

Das Schulfest beginnt in einer Stunde.
Die Kinder werden im Klassenraum der 5 a für den Tanz geschminkt.
Dileks Schwester will beim Schminken helfen.

7 Beschreibe für Dileks Schwester den Weg zur Klasse 5 a.
Wende dabei den Schreib-Profi an.

Schritt 1: Vor dem Schreiben
Ich suche den Start und das Ziel.

a. Markiere unten auf dem Plan der Schule:
- den Start: die Eingangstür
- das Ziel: die Klasse 5 a

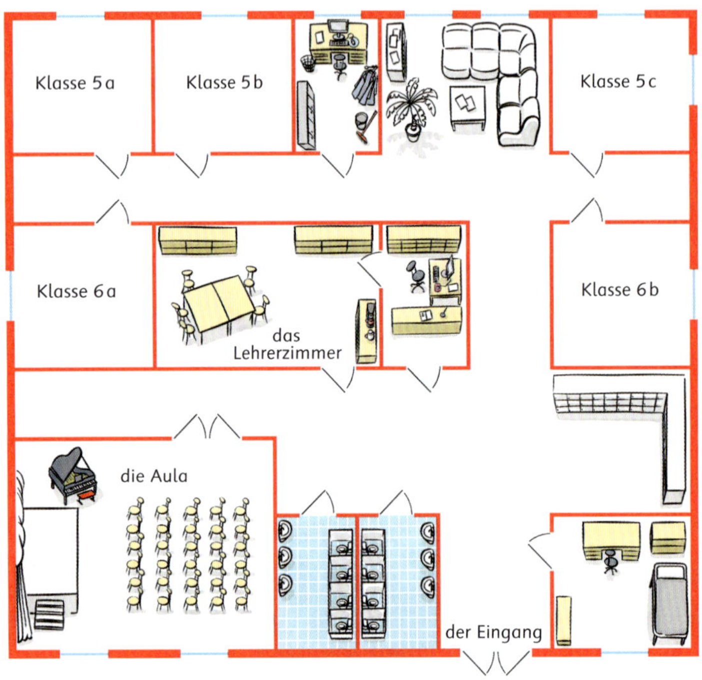

Ich überlege: Welche Wörter brauche ich?

b. Trage die Wörter in die Tabelle ein.

nach rechts | geradeaus | die Sitzecke | die Klasse 5 a |
nach links | die Schließfächer | die Palme | den Gang entlang

Richtungen	auffällige Dinge

Schritt 2: Beim Schreiben
Ich beschreibe den Weg zur Klasse 5 a genau.
Ich überlege:
Wie muss Dileks Schwester gehen?
Welche auffälligen Dinge gibt es auf dem Weg?

Zuerst	gehst du	durch die Eingangstür durch das Gartentor	in die Schule.

Dann	gehst du	nach rechts. nach links. geradeaus den Gang entlang.

Nun	siehst du	das Krankenzimmer. die Sitzecke.

Du	gehst	dort	nach rechts. nach links.

Danach	läufst du	an der Aula an der Palme	vorbei.

Du	gehst	noch ein Stück geradeaus. nach links.

Schließlich	siehst du	auf der linken Seite auf der rechten Seite	die Klasse 5 a.

8 Beschreibe den Weg. Schreibe in dein Heft.
Wähle Sätze aus. Oder schreibe eigene Sätze.
- Beschreibe in der richtigen Reihenfolge.
- Nenne die Richtung, in die Dileks Schwester jeweils gehen muss.
- Nenne die auffälligen Dinge auf dem Weg.

Tipp: Prüfe Satz für Satz mit Hilfe des Plans auf Seite 20.

Schritt 3: Nach dem Schreiben
Ich prüfe:
Habe ich den Weg richtig beschrieben?

9 Lies deine Beschreibung Satz für Satz.
Zeichne den Weg in den Plan auf Seite 20 ein.

Die verlorene Sporttasche – Gegenstände beschreiben

Pedro kann seine Sporttasche nicht finden. Er geht zum Hausmeister Herrn Tal und fragt ihn.

1 **a.** Sieh dir die Bilder an. Worum könnte es in dem Text gehen?
b. Lies den Text. Was ist geschehen? Schreibe einen Satz auf die Linie.

____

Pedro: Guten Tag, Herr Tal, meine Sporttasche ist nicht mehr da. Ist sie vielleicht bei Ihnen abgegeben worden?

Herr Tal: Bei mir sind mehrere Taschen abgegeben worden. Wie sieht denn deine Sporttasche aus?

Pedro: Die Tasche ist aus **Stoff**, sie hat **zwei Griffe** und einen **Tragegurt**. Sie ist ungefähr **50 cm lang und 30 cm hoch**. Die Griffe, der Tragegurt und die untere Seite sind **dunkelrot**, die Seitenteile sind **hellrot**. **Oben** befindet sich ein Reißverschluss. An den **Seitenteilen** ist jeweils ein **runder Aufkleber** von meinem Sportverein.

Herr Tal: Kannst du mir auch etwas über den Inhalt sagen?

Pedro: Klar, in der Tasche sind meine **Turnschuhe**, mein **Sporthemd** und die **Sporthose**. Das **Waschzeug** hat meine Mutter wahrscheinlich auch eingepackt.

Herr Tal: Tut mir leid, aber deine Tasche ist nicht hier.

Pedro: Was mach ich jetzt nur?

Herr Tal: Vielleicht hast du sie im Schulbus vergessen. Frag doch mal bei dem Busunternehmen nach.

c. Ordne die blau gedruckten Angaben aus dem Gespräch den richtigen Begriffen zu.

Material: ______________________________

Farbe: ______________________________

Form: ______________________________

Größe: ______________________________

Inhalt: ______________________________

d. Was hat Pedro in der Beschreibung der Tasche nicht richtig angegeben? Schreibe es auf.

____

Im Fundbüro des Busunternehmens warten viele Sporttaschen auf ihre Besitzer, deshalb soll Pedro seine Tasche und den Inhalt der Tasche schriftlich beschreiben. Der Schreib-Profi hilft dabei.

▶ Der Schreib-Profi, S. 15

Schritt 1: Die Aufgaben helfen dir, die Gegenstände sachlich und genau zu beschreiben.

2 a. Sieh dir noch einmal Pedros Sporttasche genau an und lies deine Notizen zum Gespräch auf Seite 22.
b. Ordne zutreffende Adjektive den entsprechenden Gegenständen zu.

blau, eckig, hellrot, grün, rund, gelb, weiß, bunt, groß, einfarbig, rechteckig, dunkelrot, klein, lang, breit, gestreift, hoch, kurzärmelig, zweifarbig, blauweiß

Tasche: ______

Sporthemd: ______

Sporthose: ______

Turnschuhe: ______

3 Schreibe weitere Teile und Merkmale der Gegenstände auf, die für eine genaue Beschreibung wichtig sein können.

______

Gegenstände haben oft besondere Kennzeichen.

4 a. Welche besonderen Kennzeichen hat die Sporttasche?
b. Beschreibe die besonderen Kennzeichen.

An den Seitenteilen der Tasche ist ______

5 Die folgenden Sätze stehen nicht in einer sinnvollen Reihenfolge.
a. Überlege, wonach beim Suchen der Tasche zuerst und wonach zuletzt geschaut wird.
b. Nummeriere die Sätze.

☐ Als besonderes Kennzeichen hat meine Sporttasche einen bunten Aufkleber und zwei Abzeichen.

☐ In der Sporttasche sind meine Turnschuhe, mein Sporthemd und meine Sporthose.

☐ Die Tasche besteht oben und an den Tragegurten aus dunkelrotem Stoff. An den Seiten und unten ist sie hellrot.

6 Lies die beiden Textanfänge.

1 *Meine modische Sporttasche sieht einfach klasse aus. Ich habe sie von meiner Oma zum Geburtstag bekommen. In der Schule beneiden mich alle darum. Auch meine Turnschuhe entsprechen der neuesten Mode. …*

2 *Meine Sporttasche ist etwa 50 cm lang und 30 cm hoch. Sie besteht aus Stoff. Oben und an den Seiten ist sie hellrot. Sie hat zwei dunkelrote Tragegriffe und einen Tragegurt. Oben ist ein Reißverschluss angebracht. …*

a. Mit welchem Textanfang kann Pedros Sporttasche besser gefunden werden? Begründe deine Wahl.
b. Schreibe den Satz richtig auf.

Der Text 1/2 entspricht eher einer sachlichen Beschreibung, weil man damit die Tasche gut finden/verkaufen kann.

Schritt 2: Beim Schreiben

7 **a.** Schreibe die vollständige Beschreibung der Sporttasche und ihres Inhalts in dein Heft.
b. Schreibe sachlich und im Präsens.

Schritt 3: Nach dem Schreiben

8 Überarbeite deine Beschreibung mit Hilfe folgender Fragen:
- Fehlen wichtige Angaben?
- Sind Informationen überflüssig?
- Werden die Gegenstände mit treffenden Adjektiven beschrieben?
- Ist die Reihenfolge der Angaben sinnvoll?
- Sind alle Wörter richtig geschrieben?

3 Vorschläge für unsere Schule – *Meinungen begründen*

**In diesem Kapitel sage ich meine Meinung und begründe sie.
Außerdem schreibe ich einen Brief.**

Meine Meinung sagen

Mit meiner Meinung sage ich, was ich über einen Vorschlag oder eine Sache denke. Ich kann **für** oder **gegen** eine Sache sein.	*Ich bin für/gegen …* *Ich finde … gut/schlecht/sinnvoll/überflüssig.* *Ich meine, dass …* *Ich bin dafür. Ich bin dagegen.*

Meine Meinung begründen

Mit einer Begründung versuche ich, andere von meiner Meinung zu überzeugen. Begründungen kann ich mit **weil** und **denn** einleiten.	*Ich finde Sitzbänke auf dem Schulhof gut, **weil** wir uns dort in der Pause mit unseren Freunden treffen können.* *Ich bin gegen Sitzbänke, **denn** in der Pause wollen wir spielen und herumlaufen.*

Einen Brief schreiben

Ich beachte die Form des Briefes:
die **Anrede**, den **Ort** und das **Datum**, den **Gruß** und die **Unterschrift**.

Meiersdorf, den 24.02.2018 — der Ort, das Datum

die Anrede — *Sehr geehrter Herr Hansen,*

für den neuen Schulhof wünschen wir uns gemütliche Sitzbänke. Wir finden Sitzbänke sinnvoll, weil …

der Gruß — *Viele Grüße*
Magda und die Klasse 5c

der Name/die Unterschrift

Fußballtore? Seite 26
Kaninchen im Schulgarten? Seite 28
Ein Schulgarten? Seite 32

Fußballtore? – Meinungen erkennen und begründen

Der Schulhof wird neu gestaltet. Es gibt viele Vorschläge, zum Beispiel Fußballtore. Die Kinder aus der 5b sagen ihre Meinungen dazu.

Ich bin für Fußballtore auf unserem Schulhof.

Ich finde Fußballtore großartig.

Ich bin gegen Fußballtore.

Ich finde Fußballtore auf dem Hof überflüssig.

1 Die Kinder haben unterschiedliche Meinungen zu den Fußballtoren. Manche Kinder sind dafür, manche dagegen.
a. Wer ist **für** Fußballtore? Markiere die Sprechblasen blau.
b. Wer ist **gegen** Fußballtore? Markiere die Sprechblasen rot.

2 a. Schreibe die Meinungen der Kinder in die Tabelle.
b. Markiere die Wortgruppen wie in den Sprechblasen oben.

dafür	dagegen
Ich bin für Fußballtore auf unserem Schulhof.	

Deine Meinung kannst du so einleiten: ***Ich bin für … Ich bin gegen … Ich finde … gut/großartig/nicht gut/überflüssig.***

3 Bist du **für** oder **gegen** Fußballtore auf dem Schulhof? Schreibe deine Meinung auf.

Luis und Magda begründen ihre Meinungen mit weil-Sätzen.

4 a. Schreibe die Sätze aus den Sprechblasen auf.
b. Markiere weil in beiden Sätzen.

dafür: ______________________________

____

dagegen: ______________________________

____

5 Verbinde jede Meinung mit einer passenden Begründung.
Tipp: Es gibt mehrere Möglichkeiten.

Meinung
Ich bin für Fußballtore,
Ich finde Fußballtore auf dem Schulhof großartig,
Ich bin gegen Fußballtore,
Ich finde Fußballtore auf dem Schulhof überflüssig,

Begründung
weil wir sie auch für den Sportunterricht nutzen können.
weil man sie schlecht für andere Spiele nutzen kann.
weil wir genauso gut Hütchen als Tore nehmen können.
weil wir dann richtig Tore schießen können.

6 Wie ist deine Meinung zu Fußballtoren auf dem Schulhof?
Begründe deine Meinung mit einem weil-Satz.
Die Tabelle von Aufgabe 5 hilft dir.

____

____

____

Kaninchen im Schulgarten? – Meinungen begründen, einen Brief schreiben

Die Schule will den Schulgarten neu anlegen.
Ein Vorschlag ist auch, Kaninchen in einem Stall zu halten.

Ich bin für Kaninchen in unserem Schulgarten.

Ich bin gegen Kaninchen.

Ich meine, dass wir keine Kaninchen brauchen.

Ich finde Kaninchen gut.

Ich finde Kaninchen im Garten überflüssig.

Ich meine, dass Tiere im Garten wichtig sind.

1 Die Kinder haben unterschiedliche Meinungen zu den Kaninchen.
a. Wer ist **für** Kaninchen? Markiere die Sprechblasen blau.
b. Wer ist **gegen** Kaninchen? Markiere die Sprechblasen rot.

2 **a.** Schreibe die Meinungen der Kinder in die Tabelle.
b. Markiere die Wortgruppen wie oben in den Sprechblasen.

dafür	dagegen
Ich bin für Kaninchen in unserem Schulgarten.	

Deine Meinung kannst du so einleiten: ***Ich bin für … Ich bin gegen … Ich finde … gut/großartig/nicht gut/überflüssig. Ich meine, dass …***

3 Bist du **für** oder **gegen** Kaninchen im Schulgarten?
Schreibe deine Meinung auf.

Einiges spricht dafür, im Schulgarten Kaninchen zu halten, einiges spricht dagegen. Die Kinder der Klasse 5 a diskutieren darüber.

Yasmin: Ich finde Kaninchen großartig. Es macht viel Freude, ein Kaninchen zu streicheln.

Lea: Aber manche Kinder haben eine Allergie gegen die Haare. Mein Freund Tobi zum Beispiel darf keine Tiere streicheln.

Boris: Ich bin für Kaninchen im Schulgarten. Wir lernen dann, Verantwortung für die Tiere zu übernehmen.

Marco: Ich bin dagegen. Wir können uns in den Ferien nicht um die Kaninchen kümmern. Wer soll das dann machen?

Yasmin: Boris hat recht. Wir können die Kaninchen auch beobachten und erforschen. Das finde ich interessant.

Marco: Ich meine, dass wir keine Kaninchen brauchen. Sie machen viel Arbeit und Dreck.

4 Wie begründen die Kinder ihre Meinungen?
a. Markiere die Begründungen **für** Kaninchen blau.
b. Markiere die Begründungen **gegen** Kaninchen rot.

5 a. Schreibe die Begründungen der Kinder in die Tabelle.
b. Findest du noch eine Begründung dafür und dagegen?
Schreibe sie in die Tabelle.

Begründungen für Kaninchen	Begründungen gegen Kaninchen
Es macht viel Freude, ein Kaninchen zu streicheln.	*Manche Kinder haben eine Allergie gegen die Haare.*

Meinungen begründen

Yasmin und Marco begründen ihre Meinungen mit weil-Sätzen.

Ich bin für den Kaninchenstall, weil wir dann viel über Kaninchen lernen können.

Ich bin gegen Kaninchen, weil Futter und Pflege teuer sind.

6 a. Schreibe die Sätze aus den Sprechblasen auf.
b. Markiere weil in beiden Sätzen.

dafür: ______________________________

____

dagegen: ______________________________

____

Auch Boris ist für Kaninchen. Aber Lea ist dagegen.

7 Begründe die Meinungen von Boris und Lea mit weil-Sätzen.
Wähle Begründungen von Aufgabe 5 (Seite 29) aus.

Boris: *Ich bin für Kaninchen, weil* ______________________________

____

Lea: *Ich bin gegen Kaninchen, weil* ______________________________

____

8 Wie ist deine Meinung zu Kaninchen im Schulgarten?
Begründe deine Meinung mit einem weil-Satz.

____

____

____

Die Klasse 5 a möchte gerne, dass Kaninchen im Schulgarten gehalten werden. Die Kinder schreiben der Schulleiterin Frau Grube einen Brief.

9 Ergänze den Brief an die Schulleiterin.
a. Schreibe das **Datum** von heute und eine **Anrede** auf.
b. Schreibe zwei Begründungen auf.
Tipp: Du kannst Begründungen von den Seiten 29 und 30 wählen.
c. Schreibe einen **Gruß** ans Ende.

12.03.2018
Liebe | Sehr geehrte

Bonn, den ______________

______________ Frau Grube,

wir, die Kinder der Klasse 5 a, wünschen uns,

dass auch Tiere in unserem neuen Schulgarten

gehalten werden.

Wir finden Kaninchen gut, weil ______________

____

____

Wir meinen außerdem, dass Kaninchen

im Schulgarten wichtig sind, weil ______________

____

____

Wir freuen uns auf Ihre Antwort.

____

Ihre Klasse 5 a

Viele Grüße | Mit freundlichen Grüßen

Ein Schulgarten? – Meinungen begründen

Eine Bank hat eine Spende von 1000 Euro zur Verschönerung des Schulgeländes zur Verfügung gestellt. Ein Vorschlag der Schülervertretung zur Verwendung des Geldes ist die Gestaltung eines Schulgartens. Die Schülerinnen und Schüler präsentieren ihre Meinungen an einer Pinnwand in der Aula.

Bevor du die folgenden Aufgaben bearbeitest, liest du Wissen kompakt auf Seite 25.

Ist ein Schulgarten für unsere Schule sinnvoll? Eure Meinung ist gefragt!

Ich finde einen Schulgarten sehr sinnvoll.

Ich finde einen Schulgarten überflüssig.

Meiner Meinung nach ist ein Schulgarten sinnlos.

Ich wünsche mir einen Schulgarten an unserer Schule.

Ich bin für einen Garten.

Ich bin gegen einen Schulgarten.

Mit deiner Meinung drückst du aus, ob du für oder gegen eine Sache bist.

1 Lies die Meinungen der Kinder an der Pinnwand.
- **a.** Welche Meinungen sind **für** einen Schulgarten? Markiere sie grün.
- **b.** Welche Meinungen sind **gegen** einen Schulgarten? Markiere sie rot.

Da es zum Vorschlag Schulgarten genauso viel Zustimmung wie Ablehnung gibt, heften die Schülerinnen und Schüler ihre Argumente für oder gegen den Vorschlag an die Pinnwand.

weil wir im Garten auch chillen könnten.

weil die Ernte von Gemüse oft in die Ferien fällt.

da wir Nutzpflanzen selbst aussäen und essen können.

weil man den Garten im Winter oder wenn es regnet nicht nutzen kann.

da wir den Garten im Biologieunterricht zur Beobachtung von Pflanzen und Tieren nutzen könnten.

denn er macht viel zu viel Arbeit.

da wir auch die Produkte verkaufen könnten.

denn Pflanzen machen unseren Schulhof grüner und schöner.

weil niemand in den Ferien die Pflanzen gießen kann.

2 Leider wurden die Argumente an der Pinnwand ungeordnet angeheftet.
- Markiere die **Argumente grün**, die **für** einen Schulgarten sprechen.
- Markiere **Argumente rot**, die **gegen** einen Schulgarten sprechen.
- Schreibe einen Satz auf, welche Argumente (für oder gegen) überwiegen.

Begründungen werden oft mit weil-, da- oder denn-*Sätzen* eingeleitet.

3 Welche Argumente für und gegen den Schulgarten überzeugen dich?
a. Wähle aus den Argumenten aus:
- ein Pro-Argument (für den Schulgarten), das dich überzeugt,
- ein Kontra-Argument (gegen den Schulgarten), das dich überzeugt.

b. Schreibe die **Argumente** zu den jeweiligen Meinungen in die Tabelle.
c. Markiere jeweils das Wort, mit dem die Begründung eingeleitet wird.

Meinungen	Argumente
*Ich bin **für** einen Schulgarten,*	
*Ich bin **gegen** einen Schulgarten,*	

In der SV-Sitzung diskutieren nun die Klassensprecher. Für die wichtigsten Argumente gegen den Schulgarten sollen Lösungen gefunden werden.

Maik: Ich finde einen Schulgarten sinnlos, weil niemand in den Ferien die Pflanzen gießen kann.
Sina: Aber wir könnten den Hausmeister oder die Eltern fragen.
Tim: Die Eltern sind doch auch in den Ferien, oder nicht? Und der Hausmeister hat schon im ganzen Schuljahr so viel zu tun.
Anne: Oder wir könnten einen Gießdienst von Schülerinnen und Schülern für die Ferien organisieren.
Schülersprecher: Ich denke auch, dass die Versorgung der Pflanzen über die Ferien möglich ist. Wir sollten es versuchen.

4 a. Lies die Diskussion der Klassensprecher.
b. Markiere das Argument gegen den Schulgarten rot.
c. Anne und Sina haben Ideen zur Lösung des Problems. Notiere sie in Stichworten.

d. Hast du noch eigene Ideen? Schreibe sie auf.

Die Klassen haben abgestimmt und sich für den Schulgarten entschieden.
Die Klasse 5 b will dem Schulleiter einen Brief schreiben und ihn überzeugen.

5 Schreibe einen Brief an den Schulleiter.

▶ Wissen kompakt, S. 25

a. Schreibe Ort und Datum auf.
b. Wähle eine Anrede, schreibe sie vor den Namen des Schulleiters.
c. Schreibe deine Meinung auf und begründe sie mit zwei dir wichtigen Argumenten für den Schulgarten.
d. Erkläre auch, welches Problem es mit dem Gießen gibt und wie ihr es lösen wollt.
e. Schreibe einen Gruß an das Ende und unterschreibe den Brief.

____
(Ort und Datum)

______________________ *Herr Müller,*
(Lieber/Sehr geehrter)

(Einleitung) *die Klassen der Schule finden, dass die 1000 Euro von der Bank für einen*

Schulgarten verwendet werden sollen. Unsere Klasse ist auch dieser Meinung.

1. Argument: ______________________

____

____

2. Argument: ______________________

____

Problem: ______________________

____

Idee zur Lösung: ______________________

____

Schlusssatz: ______________________

Wir würden uns sehr über eine Antwort freuen.

____

(Viele Grüße/Liebe Grüße/Mit freundlichen Grüßen)

____

(deine Unterschrift und die der Klasse)

4 Ein besonderer Ferientag – *anschaulich erzählen*

**In diesem Kapitel erzähle ich eine Geschichte zu Bildern.
Die Handlungsbausteine helfen mir, eine Geschichte zu planen.**

Die Handlungsbausteine	Stichworte zu einer Geschichte
die wichtigsten Figuren* und die Situation	– *Paul und Tarik* – *verbringen einen Nachmittag im Garten*
der Wunsch	– *wollen einen Ball hin und her kicken*
das Problem / das Hindernis	– *der Ball trifft den Gartentisch der Nachbarin* – *ein Wasserglas zerbricht*
die Reaktion / der Lösungsweg	– *entschuldigen sich bei der Nachbarin* – *wollen das Glas bezahlen*
das Ende	– *die Nachbarin holt neue Gläser und Limonade*

*Personen in einer Geschichte nennt man Figuren.

Eine Geschichte anschaulich erzählen

Ich wähle eine **Überschrift**, die neugierig macht.

Ich schreibe **vollständige Sätze**.

Ich verwende passende **Adjektive**.

Ich verwende **wörtliche Rede**, damit die Geschichte noch anschaulicher wird.

Der Schuss

Paul und Tarik trafen sich im **schattigen** Garten. Sie wollten den Fußball ein bisschen hin und her kicken. Da passierte es. Paul schoss den Ball zu **fest** und Tarik konnte ihn nicht stoppen. Der Ball flog über den Zaun und fiel auf den Gartentisch der Nachbarin. Mit einem **lauten** Klirren zerbrach ein Glas. **„So ein Mist!", riefen Paul und Tarik gleichzeitig.** Sie gingen **kleinlaut** zur Nachbarin. Sie wollten sich entschuldigen und das Glas bezahlen. **Die Nachbarin sagte: „Ach, die billigen Gläser. Das ist nicht so schlimm."** Sie holte zwei neue Gläser und bot den beiden Jungen eine kalte Limo an. Die beiden Jungen waren **erleichtert**.

Die Mütze – anschaulich erzählen

Die folgende Geschichte handelt von Marco und Luis.

1 Sieh dir Bild 1 und Bild 2 an. Überlege, was passiert.

Zu den Bildern kannst du eine Geschichte erzählen.

2 Die Figuren heißen Marco und Luis.
In welcher Situation befinden sich die Jungen?
Kreuze an.

Marco und Luis
- ☐ steigen auf einen Turm.
- ☐ laufen in einen Tunnel.

3 Marco und Luis wollen von oben über die Stadt schauen.
Welches Problem haben sie auf einmal?
Kreuze an.

Marcos Mütze
- ☐ wird gestohlen.
- ☐ fällt hinunter.

4 Lies nun den Anfang der Geschichte.

**An einem schönen Tag im Herbst stiegen Marco und Luis auf den Stadtturm.
Von oben konnten sie die ganze Stadt sehen.
Plötzlich kam ein Windstoß und blies Marco die Mütze vom Kopf.
„Meine Mütze!", rief Marco entsetzt.
Luis beugte sich etwas über die Mauer und sah nach unten.**

5 Was könnte Luis sagen? Schreibe es auf.

Luis sagte: „ ______________________________

______________________________ "

Wir holen deine Mütze. |
Ich sehe deine Mütze. |
Komm schnell, die finden wir!

Wie könnten Marco und Luis das Problem lösen?
Du erzählst die Geschichte weiter.

6 Sieh dir Bild 3 und Bild 4 an. Überlege, was passiert.

3

4

7 Erzähle, wie die Geschichte weitergeht und endet.
Du hast mehrere Möglichkeiten.
Schreibe in dein Heft.

Marco und Luis Die Jungen	liefen rannten	die Treppe hinunter.

Als sie unten ankamen,	waren sie	sehr erstaunt. erleichtert.

Dort Da	stand sahen sie	ein Mädchen mit Marcos Mütze.

Marco sagte	leise: empört:	„Aber das ist doch meine Mütze!“

Das Mädchen	lachte grinste	und gab ihm die Mütze zurück. und lief mit der Mütze davon.

Deine Geschichte braucht eine Überschrift.
Die Überschrift soll andere neugierig machen.

8 Wähle eine Überschrift aus. Oder überlege dir eine eigene Überschrift. Schreibe sie auf.

Die fliegende Mütze
Die Überraschung am Turm

Ein Tag am See – anschaulich erzählen

Die Bilder erzählen eine Geschichte von Lea und Boris am See.

1 Was passierte in der Geschichte?

a. Sieh dir die Bilder an.

b. Ordne den Bildern passende Sätze zu. Schreibe sie auf.

Lea und Boris schwammen im See. | *Die Enten liefen zum Brot.* |
Doch auf dem Handtuch saßen Enten. | *Lea beobachtete die Enten.* |
Sie wollten sich abtrocknen und aufwärmen. |
Boris holte sein Brot aus dem Rucksack. | *Lea und Boris warfen Brotstücke.*

Bild 1: *Lea und Boris schwammen im See.*

Bild 2: ______________________

Bild 3: ______________________

Bild 4: ______________________

Zu den Bildern kannst du eine Geschichte erzählen.

Schritt 1: Vor dem Schreiben

die Handlungsbausteine:
die Figuren und die Situation
der Wunsch
das Problem
der Lösungsweg
das Ende

2 Plane deine Geschichte.
Schreibe Stichworte zu den Handlungsbausteinen auf.

a. Die beiden Figuren heißen Lea und Boris.
In welcher Situation sind die Figuren? Was tun sie?

ein Sommertag, sie schwimmen im See

b. Welchen Wunsch haben die Figuren?

c. Welches Problem gibt es?

d. Wie reagieren die Figuren? Wie wollen sie ihr Problem lösen?

e. Wie endet die Geschichte?

Anschaulich erzählen: Du verwendest wörtliche Rede.

3 Was könnten Lea und Boris sagen, als sie die Enten bemerken?
Schreibe es auf.

„Was sollen wir jetzt machen?“ | „Die Küken sind ja niedlich!“ | „Die Enten hocken gemütlich auf deinem Handtuch!“ | „Guck mal!“

Lea:

Boris:

Anschaulich erzählen: Du beschreibst die Gefühle der Figuren mit passenden Adjektiven.

4 Wie fühlen sich Lea und Boris, als sie die Enten bemerken? (Bild 2)
Wie fühlen sich Lea und Boris am Ende? (Bild 4)
Schreibe passende Adjektive auf.

überrascht | fröhlich | genervt | verwundert | erleichtert | neugierig | ratlos | begeistert

Bild 2: ______________________________

Bild 4: ______________________________

Schritt 2: Beim Schreiben

5 Erzähle nun den Anfang der Geschichte in vollständigen Sätzen (Bild 1 und Bild 2).
- Wähle Vorschläge aus. Oder schreibe eigene vollständige Sätze.
- Schreibe in dein Heft.

Lea und Boris	schwammen spielten	im See.
Nach einer Weile Dann	wollten sie	etwas essen. sich abtrocknen und aufwärmen.
Überrascht Verwundert	schauten sie	auf ihren Picknickplatz. zu ihren Handtüchern.
Auf dem Handtuch	saß hockte	eine Entenfamilie. eine Entenmutter mit ihren Küken.
Lea sagte:	„…"	
Boris sagte:	„…"	
Die Freunde Lea und Boris	waren guckten	ratlos. …

Wie reagierten Boris und Lea? Wie wollten sie ihr Problem lösen?

6 Erzähle, wie die Geschichte weitergeht und endet (Bild 3 und Bild 4).
- Wähle Vorschläge aus. Oder schreibe eigene vollständige Sätze.
- Schreibe in dein Heft.

Begeistert Interessiert	beobachtete	Lea	die Entenfamilie.

Boris	sagte: flüsterte:	„Ich habe eine Idee!" „…"

Aufgeregt Schnell	holte	Boris er	sein Brot aus der Tasche.

Dann Nun	warfen die Kinder	Brotkrumen auf die Wiese.

Die Enten Die Ente und ihre Küken	stürzten sich auf die Brotkrumen. liefen zum Brot und fraßen es.

Boris und Lea Die beiden Freunde	waren	glücklich. …

Anschaulich erzählen: Du findest eine Überschrift, die neugierig macht.

7 Wähle eine Überschrift aus. Oder überlege dir eine Überschrift. Schreibe sie auf.

Die Entenfamilie | *Die Überraschung am See*

Schritt 3: **Nach dem Schreiben**

8 a. Überprüfe deine Geschichte mit Hilfe der Checkliste.
b. Schreibe deine überarbeitete Geschichte in dein Heft.

Checkliste: Schriftlich erzählen	Ja	Noch nicht
Die Überschrift meiner Geschichte macht neugierig.	☐	☐
Ich habe vollständige Sätze geschrieben.	☐	☐
Ich habe passende Adjektive verwendet.	☐	☐
Ich habe wörtliche Rede verwendet.	☐	☐

Eine abenteuerliche Nacht – anschaulich erzählen

Die folgende Geschichte handelt von Hannas Ferien. Die beste Freundin ist verreist. Hanna möchte aber auch etwas Besonderes erleben.

Die Bilder erzählen nur einen Teil der Geschichte.

1 Was kannst du auf den Bildern sehen? Welche Teile der Geschichte erzählen sie?

a. Sieh dir die Bilder genau an.

b. Ordne passende Sätze den Bildern zu.

Hanna wollte zelten, aber der Vater verbot es. | *Hanna hatte Langeweile.* | *Der Hund jagte eine Katze.* | *Hanna wollte mit dem Hund zelten.* | *Hanna, ihre Eltern und Tim diskutierten.* | *Am nächsten Tag kam Tim …*

c. Was erzählen die Bilder nicht? Schreibe Stichworte auf.

Du ergänzt die Geschichte von Hanna und erzählst sie vollständig.

Schritt 1: Vor dem Schreiben

2 Sammle Ideen für die Teile der Geschichte, die du nicht auf den Bildern siehst. Beantworte dazu die folgenden Fragen. Schreibe deine Ideen in Stichworten auf.
- Warum verbot der Vater das Zelten?
- Was geschah in der Nacht?

Die Handlungsbausteine helfen dir, deine Geschichte gut aufzubauen. ▶ Wissen kompakt, S. 35

3 Beantworte die Fragen zu den Handlungsbausteinen.
- Von wem erzählt die Geschichte und in welcher Situation ist diese Figur (Person)?
- Welchen Wunsch hatte Hanna? Was wollte sie tun?
- Welches Problem tauchte auf?
- Wie reagierte Hanna darauf? Wie wollte sie ihr Problem lösen? Was geschah?
- Welches Ende hat die Geschichte?

Wenn du schriftlich erzählst, verwendest du meist das Präteritum.

4 Schreibe die Sätze mit Verben im Präteritum auf. ▶ Das Präteritum, S. 110–111

Hanna *hat* Sommerferien. Die Sonne *scheint*. Hanna *sitzt* auf der Wiese.

Hanna hatte Sommerferien.

Mit treffenden Adjektiven wird deine Geschichte anschaulicher.

5 Ergänze treffende Adjektive.

neues, kleines, begeistert, glücklich, streng, ärgerlich

Hanna holte ihr ______________ Zelt und baute es ______________ auf. Plötzlich kam ihr Vater und schaute sehr ______________.

Mit wörtlicher Rede wird deine Geschichte lebendiger.

6 Was sagte Hannas Vater? Schreibe einen Satz mit wörtlicher Rede auf.

Mit abwechslungsreichen Satzanfängen erzählst du interessanter.

7 Schreibe die Sätze mit verschiedenen Satzanfängen auf.

Plötzlich … Als es dunkel wurde … Sie …

Hanna überlegte, wie sie doch zelten könnte.
Hanna stieg aus dem Fenster, als es dunkel wurde. Hanna wollte mit dem Hund zelten.

Gedanken und Gefühle spielen in einer Geschichte eine wichtige Rolle. Du kannst sie anschaulich mit treffenden Adjektiven beschreiben.

8 Wie fühlte sich Hanna am Anfang und am Ende?
a. Wähle passende Adjektive aus.
b. Schreibe zwei Sätze auf.

traurig, gelangweilt, einsam, ängstlich, genervt, glücklich, froh

Schritt 2: Beim Schreiben

9 Schreibe deine Geschichte nun vollständig auf. Schreibe in dein Heft.
– Verwende deine Arbeitsergebnisse aus den Aufgaben 2 bis 8.
– Überlege dir eine Überschrift, die neugierig macht.

Schritt 3: Nach dem Schreiben

a. Prüfe deine Geschichte mit Hilfe der Checkliste.
b. Überarbeite deine Geschichte und schreibe sie ab.

Checkliste: Anschaulich erzählen

	Ja	Noch nicht
Ich habe die Geschichte vollständig erzählt.	☐	☐
Ich habe eine Überschrift gewählt, die neugierig macht.	☐	☐
Ich habe die Verben im Präteritum verwendet (außer in der wörtlichen Rede).	☐	☐
Ich habe Figuren, Gefühle, Gegenstände mit treffenden Adjektiven beschrieben.	☐	☐
Ich habe die wörtliche Rede verwendet.	☐	☐
Ich habe die Satzanfänge abwechslungsreich gestaltet.	☐	☐

5 Einfach märchenhaft – *Märchen lesen und erzählen*

In diesem Kapitel lese ich ein Märchen und erzähle das Märchen weiter. Die Handlungsbausteine helfen mir, ein Märchen zu verstehen.

Die Handlungsbausteine	Die Fragen
die Figuren* und die Situation	– Welche Figuren gibt es? – Wer ist die wichtigste Figur? – Wie geht es der Figur? In welcher Lage ist sie?
der Wunsch	– Welchen Wunsch hat die Figur?
das Problem / das Hindernis	– Welches Problem hat die Figur?
die Reaktion / der Lösungsweg	– Wie löst die Figur das Problem?
das Ende	– Wie endet die Geschichte?

*Personen in einer Geschichte nennt man Figuren.

Märchen sind Geschichten, die in Wirklichkeit nicht geschehen können. An diesen Merkmalen erkenne ich ein Märchen:

Viele Märchen fangen so an: *– Es war einmal … Vor langer Zeit lebten …*	ein typischer Anfang
In vielen Märchen gibt es diese Figuren: *– ein Prinz, eine Königin, eine arme Familie* *– eine Hexe, eine Fee, ein Zwerg*	typische Märchenfiguren
Oft spielen die Märchen an diesen Orten: *– in einem Wald, in einem Schloss, in einer Höhle*	besondere Orte
Einige Figuren können zaubern. Es gibt Zaubersprüche. *– „Töpfchen, koche!"*	Zauberkräfte und Zaubersprüche
Tiere oder Dinge können sprechen und sogar zaubern. *– Ein Frosch spricht.* *– Ein Topf kocht so viel Brei, bis alle satt sind.*	Tiere oder Dinge, die sprechen und zaubern
Oft haben die Zahlen 3, 7 oder 12 eine Bedeutung.	besondere Zahlen
Viele Märchen enden so oder so ähnlich: *– Und sie lebten glücklich bis an ihr Ende.*	ein glückliches Ende

Der süße Brei – ein Märchen lesen

Du liest ein Märchen, in dem ein besonderer Topf vorkommt.

Der süße Brei *Brüder Grimm*

Es war einmal ein **Mädchen**. Es lebte allein **mit seiner Mutter**. Die beiden waren so **arm**, dass sie **nichts zu essen** hatten. Da ging das Mädchen in den Wald. Dort **traf** es **eine alte Frau**. Die Frau wusste, dass die beiden hungern mussten. Die Frau **schenkte** dem Mädchen **ein Töpfchen**. Das Mädchen sollte sagen: **„Töpfchen, koche!"** Dann **kochte** das Töpfchen **süßen Hirsebrei***. Danach sollte das Mädchen sagen: **„Töpfchen, steh!"** Und das Töpfchen hörte auf zu kochen. Nun mussten das Mädchen und die Mutter **nicht mehr hungern**. Sie aßen süßen Brei, so oft sie wollten.

*die Hirse: eine Art von Getreide

1 a. Sieh dir das Bild an und lies die Überschrift.
b. Lies dann den Anfang des Märchens.

2 Welche drei Figuren (Personen) gibt es in dem Märchen?
Schreibe sie auf.

____________, ____________, ____________

3 Wie geht es dem Mädchen und der Mutter?
Kreuze an.

☐ Sie sind arm. ☐ Sie sind reich. ☐ Sie sind krank.

4 Welchen Wunsch haben das Mädchen und die Mutter?
Schreibe auf.

frieren, hungern, arbeiten

Sie wollen nicht mehr ____________.

5 Was schenkt die alte Frau dem Mädchen?
Kreuze an.

☐ einen Rock ☐ etwas Geld ☐ einen Topf

So geht das Märchen weiter.

Einmal ging das Mädchen weg. Die Mutter sprach: „Töpfchen, koche." Und das Töpfchen kochte. Als die Mutter satt war, sollte das Töpfchen aufhören. Aber die Mutter hatte den Spruch vergessen. So kochte das Töpfchen weiter und weiter, bis der Brei überlief. Der Brei lief in die Küche und in das ganze Haus. Der Brei lief über die Straße und in das ganze Dorf. Niemand konnte das Töpfchen aufhalten.

6 Welches Problem hat die Mutter? Kreuze an.

- ☐ Der Brei schmeckt nicht gut.
- ☐ Das Töpfchen hört nicht mehr auf, Brei zu kochen.
- ☐ Die Mutter sagt den falschen Spruch.

7 Mit welchem Spruch hört das Töpfchen wieder auf zu kochen?
Tipp: Lies noch einmal die Zeile 9 auf Seite 46.
Schreibe den Spruch auf.

So endet das Märchen.

Endlich kam das Mädchen nach Hause. Es sagte den Spruch: „Töpfchen, steh!" Da hörte das Töpfchen endlich auf zu kochen. Alle, die in das Dorf wollten, mussten sich durch den süßen Brei essen.

8 Stelle dir die Dorfstraße mit dem Brei vor. Male das Bild weiter.
Es soll zum Ende des Märchens passen.

Der Froschkönig – ein Märchen lesen und weitererzählen

Du liest ein Märchen, in dem ein sprechendes Tier vorkommt.

1 a. Sieh dir die Bilder an.
b. Lies dann den Anfang des Märchens.

Der Froschkönig *Brüder Grimm*

Es war einmal ein **König**, der hatte **drei schöne Töchter**. Aber die **jüngste Prinzessin** war die schönste. Sie lebten in einem Schloss nahe an einem Wald. Die Prinzessin **lief** oft zum Spielen **in den Wald**. Sie **setzte sich an den Brunnen**, denn dort war es schön kühl. Dann **spielte** sie mit ihrer goldenen Kugel. Eines Tages **fiel die Kugel** aus Versehen **in den Brunnen**. Da war die **Prinzessin** sehr **traurig** und weinte.

Da schaute ein dicker, hässlicher **Frosch** aus dem Wasser. Er sagte: „Weine nicht, liebe Prinzessin. Ich kann dir **die Kugel wiederbringen**. Was gibst du mir dafür?" Die Prinzessin bot dem Frosch ihre Kleider, ihre Perlen und ihre goldene Krone an. Das alles wollte der Frosch nicht. Er sagte: „Ich **will dein Freund sein** und mit dir am Tisch sitzen, von deinem Teller essen und in deinem Bett schlafen." Die Prinzessin **versprach es** ihm.

Die Handlungsbausteine helfen dir, das Märchen zu verstehen.

2 Die Prinzessin ist die Hauptfigur.
In welcher Situation ist die Prinzessin?
Schreibe auf, wie es ihr geht.

fröhlich, traurig, wütend

Die Prinzessin ist ______________________ *, weil* ______________________

____

3 Welchen Wunsch hat die Prinzessin?
Kreuze an.

- ☐ Sie wünscht sich neue Kleider.
- ☐ Sie wünscht sich ihre goldene Kugel zurück.
- ☐ Sie wünscht sich den Frosch zum Freund.

So geht das Märchen weiter.

Der Frosch tauchte in den Brunnen hinab. Er fand die Kugel und gab sie der Prinzessin zurück. Die Prinzessin lief fröhlich nach Hause. Sie dachte nicht mehr an das Versprechen, das sie dem Frosch gegeben hatte.

Am nächsten Tag saß die Prinzessin mit ihrem Vater am Tisch. Sie aß von ihrem goldenen Teller. Auf einmal klopfte es an der Tür. Eine Stimme rief: „Prinzessin, mach die Tür auf!" Erstaunt fragte der König: „Wer klopft denn da?" Die Prinzessin erzählte ihm die ganze Geschichte. Der König sagte: „**Was du versprochen hast, musst du halten**. Geh und hole den Frosch herein!"

Der Frosch **durfte auf dem Tisch sitzen** und **von dem goldenen Teller essen**. Die Prinzessin **ekelte sich sehr vor dem Tier**. Als der Frosch satt war, sagte er zur Prinzessin: „Nun bin ich müde. Trage mich in dein Zimmer, damit ich **in deinem Bett schlafen** kann." Da weinte die Prinzessin, aber der König erinnerte sie an ihr Versprechen.

Die Prinzessin bekommt ihre goldene Kugel zurück. Trotzdem weint sie.

4 Welches Problem hat die Prinzessin?
Schreibe auf.
Die Bilder und die Schlüsselwörter im Text helfen dir.

Der König sagt:

Der Frosch darf

Die Prinzessin

Du hast die Handlungsbausteine Figur und Situation, Wunsch und Problem untersucht.
Die Handlungsbausteine Lösungsweg und Ende fehlen noch.

Du kannst das Märchen Der Froschkönig selbst weitererzählen.

die Handlungs-bausteine:
die Figuren und die Situation
der Wunsch
das Problem
der Lösungsweg
das Ende

5 Wie will die Prinzessin das Problem lösen?
a. Sieh dir die Bilder an.
b. Erzähle mit Hilfe der Wortgruppen.

trug in ihr Zimmer | war wütend | warf an die Wand | verschwand | saß auf einmal ein

Die Prinzessin trug den Frosch ______________________

____

____

6 Wie könnte das Märchen glücklich enden?
Erzähle das Ende mit Hilfe der Wortgruppen.

schauten sich verliebt an | fuhren in das Schloss des Prinzen | feierten Hochzeit | lebten glücklich bis an ihr Ende

____

____

Der Froschkönig ist ein Märchen.
Märchen haben bestimmte Merkmale.

7 Viele Märchen haben einen typischen Anfang.
a. Lies noch einmal den ersten Satz des Märchens Der Froschkönig auf Seite 48.
b. Schreibe den Anfang in die Tabelle unten.

8 Welche weiteren Merkmale erkennst du in dem Märchen?
Schreibe die Merkmale in die Tabelle.

der König | die Prinzessin | der Prinz | in einem Schloss | im Wald | der Frosch spricht | der Frosch verwandelt sich in einen Prinzen | Und sie lebten glücklich bis an ihr Ende.

Märchen-Merkmale	Der Froschkönig
ein typischer Anfang	
typische Märchenfiguren	*der König*
besondere Orte	
sprechende Tiere	
Zauberkräfte	
ein glückliches Ende	

Mascha und der Bär – ein Märchen lesen und erzählen

In diesem Märchen spielen Klugheit und List eine wichtige Rolle.

1 Was könnte der Inhalt des Märchens sein?

▶ Der Lese-Profi, S. 5

a. Lies die Überschrift und sieh dir die Bilder an.

b. Schreibe deine Vermutung auf.

Mascha und der Bär

Es war einmal in alten Zeiten, da lebte irgendwo in Russland die kleine **Mascha** bei ihren Großeltern Baba und Djeduschka[1]. Als Mascha eines Tages Pilze suchte, kam sie **immer tiefer in den Wald** hinein. Schließlich stand sie vor einer Höhle und ging hinein. Es war spät und Mascha war müde und hungrig. In der Höhle standen ein gedeckter Tisch und ein Bett zum Ausruhen. Mascha aß von den Speisen auf dem Teller, trank aus dem Glas, legte sich dann hin und schlief ein.

Die Höhle aber gehörte einem großen, **gefährlichen Bären**. Der Bär kam in der Nacht zurück und brummte böse, als er sich umsah: „Wer hat von meinem Essen gegessen? Wer hat auf meinem Stuhl gesessen? Wer liegt da in meinem Bett?“ Sogleich packte er Mascha und brüllte: „Was hast du hier zu suchen? Ich werde dich fressen!“ Da bat ihn Mascha: „Lass mich leben, ich werde auch alles für dich tun, was du willst!“ Das ließ sich der Bär nicht zweimal sagen. Fortan **musste Mascha für ihn arbeiten**.

Mascha aber bekam mit jedem Tag **größere Sehnsucht nach ihrer Baba und ihrem Djeduschka**. Lange überlegte sie, was sie tun könnte. Eines Tages sagte sie zu dem Bären: „Ich bleibe gerne bei dir, aber meine Großeltern Baba und Djeduschka haben nichts zu essen. Ich möchte ihnen etwas schicken. Du kannst es ja in einer Kiepe[2] **selbst auf dem Rücken zu ihnen bringen**.“ Der Bär willigte ein und Mascha begann sogleich Pirogge[3] zu backen. Die Piroggen lud sie in die Kiepe, schnallte sie dem Bären auf den Rücken und **sagte: „Aber du darfst nicht ruhen unterwegs, sonst isst du vorher schon alles auf!** Ich werde auf einen Baum steigen und dir von dort zusehen.“ Blitzschnell **sprang sie** dann **selbst in den Korb** hinein, deckte sich und die Piroggen zu und der Bär wanderte los.

Nach einiger Zeit wurde der Bär müde. „Die Kiepe ist so schwer! Ich will mich ausruhen." Als er versuchte, die Kiepe abzusetzen, rief Mascha mit lauter Stimme: „Bär, ich sitze hoch und sehe weit, ich sehe, dass du ruhen willst." Da sprang der Bär auf und lief weiter. Ein zweites und auch ein drittes Mal versuchte er noch, sich hinzusetzen. Aber Mascha rief jedes Mal aus der Kiepe: „Ich sitze hoch und sehe weit, ich sehe, dass du ruhst."

Endlich kam der Bär in das Dorf zu Baba und Djeduschka …

1 Baba und Djeduschka: die Großmutter und der Großvater
2 die Kiepe: ein Korb, der wie ein Rucksack getragen wird
3 die Pirogge, die Piroggen: gefüllte Teigtaschen, die gebacken werden

Die Handlungsbausteine helfen dir, das Märchen besser zu verstehen.

2 Beantworte die folgenden Fragen. Die im Text markierten Wörter helfen dir.

– Welche Figuren kommen in dem Märchen vor?

____

– In welcher Situation befindet sich Mascha am Anfang des Märchens?

____

____

____

– Welcher Wunsch wird für Mascha mit jedem Tag größer?

____

– Warum erfüllt sich der Wunsch nicht? Welches Hindernis gibt es?

____

____

– Wie reagiert Mascha? Wie will sie das Problem lösen? Kreuze an.

☐ Sie läuft weg. ☐ Sie gibt Rauchzeichen. ☐ Sie klettert in die Kiepe.

– Warum will Mascha, dass der Bär keine Ruhepause einlegt?

____

____

Märchen haben bestimmte Merkmale.

3 Woran erkennst du, dass der Text Mascha und der Bär ein Märchen ist?
a. Finde in den ersten Teilen des Märchens Märchenmerkmale und unterstreiche sie.
b. Ergänze die rechte Spalte der folgenden Tabelle wie im Beispiel.

Merkmale	Märchen: Mascha und der Bär
Viele Märchen haben einen typischen Anfang.	*Es war einmal …*
Die Handlung spielt an besonderen Orten.	
In vielen Märchen können Tiere sprechen.	
Die Zahlen 3, 7 und 12 spielen eine besondere Rolle.	

4 Nicht in jedem Märchen sind alle Märchenmerkmale vorhanden.
Schreibe weitere Merkmale auf, die du aus anderen Märchen kennst.

In Märchen wird meistens die Zeitform Präteritum verwendet.

5 Markiere im letzten Abschnitt des Märchens (auf Seite 53) alle Verben im Präteritum.
Schreibe sie ab und schreibe die passenden Infinitive (Grundformen) dazu.

wurde – werden, versuchte –

Wie geht das Märchen weiter? Der Handlungsbaustein Ende fehlt noch.

6 Was könnte passieren, als der Bär bei den Großeltern ankommt?
a. Erzähl das Märchen weiter und überlege dir ein glückliches Ende.
b. Finde einen passenden Schlusssatz. Beachte dabei das typische Ende eines Märchens.
c. Achte darauf, dass du im Präteritum erzählst.
d. Schreibe in dein Heft.

6 In der Natur – *Gedichte lesen und verstehen*

In diesem Kapitel lese ich ein Gedicht und untersuche es.

Ich untersuche den Inhalt.
- Was verrät mir die Überschrift?
- Was sagen mir die Bilder?
- Wer oder was wird beschrieben (das Wetter, ein Tier, ein Mensch ...)?
- Worum geht es (um ein Gefühl, um eine Stimmung, um die Natur ...)?

Ich untersuche die Form: Strophen, Verse und Reime.

	Der Pflaumenbaum *Bertolt Brecht*	
Ein Gedicht kann Strophen haben.	Im Hofe steht ein Pflaumenbaum Der ist klein, man glaubt es kaum. Er hat ein Gitter drum So tritt ihn keiner um.	← eine Strophe
Eine Zeile im Gedicht nennt man Vers.	Der Kleine kann nicht größer wer'n. Ja, größer wer'n, das möcht er gern. 's ist keine Red davon Er hat zu wenig Sonn.	← ein Vers
Verse enden oft mit Reimen.	Den Pflaumenbaum glaubt man ihm kaum Weil er nie eine Pflaume hat. Doch er ist ein Pflaumenbaum Man kennt es an dem Blatt.	← ein Reim

Ich untersuche die Abfolge der Reime: Paarreim und Kreuzreim.

Reime können paarweise angeordnet sein.	Er hat ein Gitter drum So tritt ihn keiner um.	← der Paarreim
Reime können auch über Kreuz angeordnet sein.	Den Pflaumenbaum glaubt man ihm kaum Weil er nie eine Pflaume hat. Doch er ist ein Pflaumenbaum Man kennt es an dem Blatt.	← der Kreuzreim

Der Regenbogen Seite 56
Es regnet Seite 58
Die Made Seite 62

Der Regenbogen – ein Gedicht erschließen

Josef Guggenmos hat ein Gedicht über den Regenbogen geschrieben.

Josef Guggenmos

Der Regenbogen

Ein Regenbogen, komm und schau!
Rot und orange, gelb, grün und blau!

So herrliche Farben kann keiner bezahlen,
sie über den halben Himmel zu malen.

Ihn malte die Sonne mit goldener Hand
auf eine wandernde Regenwand.

Worum geht es in dem Gedicht?

1 Was siehst du auf dem Bild neben dem Gedicht?
Markiere passende Wörter.

die Farben der Schnee der Regen die Sonne
der Himmel die Wellen der Mond die Kinder

2 Wie heißt die Überschrift des Gedichts? Schreibe sie auf.

3 Was könnte das andere Kind sagen?
Schreibe es in die Sprechblase.

Er sieht schön aus! | Ich mag die Farben.

Sieh mal,
ein Regenbogen!

Eine Zeile im Gedicht heißt Vers.

4 Wie viele Verse hat das Gedicht? Ergänze.

Das Gedicht Der Regenbogen hat ________ Verse.

Welche Farben hat der Regenbogen?

5 Lies noch einmal die Verse 1 und 2.
Male den Regenbogen farbig an.

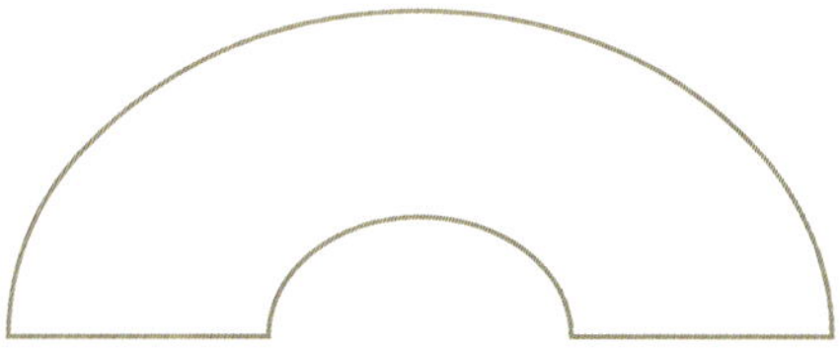

Die Menschen staunen, wenn sie einen Regenbogen sehen.

6 Lies noch einmal die Verse 3 und 4.
Welcher Satz passt zu den Versen? Kreuze an.

- ☐ Jeder kann einen Regenbogen an den Himmel malen.
- ☐ Kein Mensch kann einen Regenbogen an den Himmel malen.

Wie ist der Regenbogen entstanden?

7 Lies noch einmal die Verse 5 und 6.
Suche die Wortgruppen, die zu dem Bild passen.
Schreibe sie auf.

Verse enden oft mit Reimen.
Reime sind Wörter, die ähnlich klingen, zum Beispiel malen – strahlen.

8 Welche Wörter reimen sich? Verbinde sie.

schau	malen
bezahlen	Wand
Hand	blau

9 Lies das Gedicht noch einmal laut.
Markiere die Reimwörter im Gedicht.

10 Schreibe das Gedicht in dein Heft.
Male ein Bild dazu.

Es regnet – ein Gedicht erschließen

Mascha Kaléko hat ein Gedicht über den Regen geschrieben.

Mascha Kaléko

Es regnet

Es regnet **Blümchen** auf die Felder,
Es regnet **Frösche** in den Bach.
Es regnet **Pilze** in die Wälder,
Es regnet alle **Beeren** wach!

Der **Regen singt** vor deiner Türe,
Komm an das Fenster rasch und sieh:
Der **Himmel schüttet Perlenschnüre***
Aus seinem wolkigen Etui**.

Vom Regen **duften** selbst die Föhren***
Nach Flieder**** und nach Ananas.
Und wer fein zuhört, kann das **Gras**
Im Garten leise **wachsen hören**.

* die Perlenschnur: ein Band aus vielen Perlen

** das Etui (sprich: Etwi): das Mäppchen

*** die Föhren: 

**** der Flieder: 

Worum geht es in dem Gedicht?

1 Wie heißt die Überschrift des Gedichts?
Schreibe sie auf.

2 Was verrät das Bild über das Gedicht?
Schreibe Stichworte auf.

3 Welcher Satz passt zum Inhalt des Gedichts?
Kreuze an.

- ☐ Der Regen lässt alles wachsen.
- ☐ Der Regen macht alles grau und traurig.

Gedichte haben eine besondere Form.
In Gedichten gibt es häufig mehrere Abschnitte. Sie heißen Strophen.

4 Wie viele Strophen hat das Gedicht? Ergänze.

Das Gedicht hat __________ Strophen.

5 a. Lies die **erste** Strophe noch einmal genau.
b. Was regnet es? Schreibe auf.

Blümchen, ______________________________

Aber Blümchen kann es nicht wirklich regnen.

6 Was könnte in der **ersten** Strophe gemeint sein?
Schreibe einen Satz auf.
Die Wörter am Rand helfen dir.

die Natur, die Tiere,
die Blumen,
die Früchte

Der Regen ist gut für ______________________________

____

Man kann den Regen im Gedicht hören und sehen.

7 Suche in der **zweiten** Strophe die Wortgruppen,
die zu dem Bild passen. Schreibe sie auf.

____

____

Die dritte Strophe beschreibt, wie es nach dem Regen ist.

8 a. Lies die **dritte** Strophe noch einmal genau.
b. Wähle einen Satz aus, der zum Inhalt der Strophe passt.
Schreibe ihn auf.

Nach dem Regen	riecht der Wald nach Flieder und nach Ananas.
	kann man fast hören, wie das Gras wächst.

____

____

Eine Zeile in einem Gedicht heißt Vers.

9 a. Zähle die Verse im Gedicht Es regnet (Seite 58).
b. Wie viele Verse hat jede Strophe? Ergänze.

Jede Strophe hat ________ Verse.

Verse enden oft mit Reimen.
Reime sind Wörter, die ähnlich klingen, zum Beispiel Türe – Schnüre.

10 a. Lies die erste und zweite Strophe laut.
b. Welche Wörter reimen sich?
Markiere die Reimwörter am Ende der Verse.
Tipp: Nimm vier verschiedene Farben.

Es regnet Blümchen auf die Felder,
Es regnet Frösche in den Bach.
Es regnet Pilze in die Wälder,
Es regnet alle Beeren wach!

Der Regen singt vor deiner Türe,
Komm an das Fenster rasch und sieh:
Der Himmel schüttet Perlenschnüre
Aus seinem wolkigen Etui.

11 Schreibe die Reimwörter aus der ersten und zweiten Strophe auf.

Felder – Wälder

12 Stelle dir vor, du stehst am Fenster und siehst hinaus in den Regen.
Schreibe auf, was du siehst.

Ich sehe

die Pfützen,
einen nassen Hund,
die Regenschirme,
...

Gedichte haben eine besondere Sprache.
Die besondere Sprache hat eine besondere Wirkung.

13 In der ersten Strophe gibt es Wiederholungen.

a. Lies die erste Strophe noch einmal laut.

b. Welche Wortgruppe wird viermal wiederholt?
Schreibe die Wortgruppe auf.

14 Wie wirkt die Wiederholung auf dich?
Schreibe es auf.

Die Wiederholung wirkt auf mich

langweilig,
wie ein langer
Regentag,
wie Regentropfen,
wie Musik …

Du kannst nun selbst eine Strophe zum Gedicht schreiben.

15 a. Lies die Wortgruppen.

b. Finde passende Reimwörter. Schreibe die Reimwörter auf.

über eine Stunde
schon so lange Zeit
Pfützen weit und breit
auf den frischen Rasen
Katzen und auch Hunde
auch auf unsere Nasen

Stunde – Hunde

16 Schreibe eine Strophe zum Gedicht.
Wähle vier Wortgruppen aus Aufgabe 15 aus.
Beginne die Verse mit: Es regnet.

Es regnet über eine Stunde

Es regnet

Die Made – ein Gedicht erschließen

1 **a.** Lies die Überschrift des Gedichts. Worum könnte es gehen?
b. Schreibe einen Satz auf.

____

Heinz Erhardt **Die Made**

Hinter eines Baumes Rinde
wohnt die Made mit dem ______. *Kinde | Rinde*
Sie ist Witwe*, denn der ______,
den sie hatte, fiel vom ______. *Gatte | Blatte*
Diente so auf diese ______ *Weise | Speise*
einer Ameise als ______.

Eines Morgens sprach die ______: *Made | grade*
„Liebes Kind, ich sehe ______,
drüben gibt es frischen ______, *Kohl | wohl*
den ich hol'. So leb denn ______.
Halt, noch eins! Denk, was ______, *geschah | Papa*
geh nicht aus, denk an ______!“

Also sprach sie und ______. – *entwich | schlich*
Made junior jedoch ______
hinterdrein, und das war ______! *Specht | schlecht*
Denn schon kam ein bunter ______
und verschlang die kleine ______ *fade | Schade*
Made ohne Gnade. ______!

Hinter eines Baumes ______ *Kinde | Rinde*
ruft die Made nach dem ______ …

* Frau, deren Ehemann / Gatte nicht mehr lebt

Bevor du die Aufgaben bearbeitest, liest du Wissen kompakt auf Seite 55.

▶ Wissen kompakt, S. 55

Reime bringen das Gedicht zum Klingen.

2 Welches Reimwort passt?
a. Lies das Gedicht Vers für Vers.
b. Probiere aus, welches Reimwort vom Rand am besten passt.
c. Schreibe es in die jeweilige Zeile.

3 Welche Reimform hat das Gedicht?

▶ Wissen kompakt, S. 55

a. Bezeichne alle Reimpaare am Ende der Verse mit jeweils gleichen Kleinbuchstaben.
b. Kreuze an, was zutrifft.

☐ Paarreim ☐ Kreuzreim ☐ umarmender Reim

c. Schreibe auf, wie viele Strophen und Verse das Gedicht hat.

Strophen: ______

Verse: ______

d. Notiere, was du in den Aufgaben 2 und 3 herausgefunden hast.

Das Gedicht mit dem Titel „Die Made" von ______ *(Autor)*

hat ______

Die Reimform heißt ______

4 Untersuche nun den Inhalt des Gedichtes genauer.
a. Kreuze an, welche Aussagen richtig sind.

☐ Die Made ist Witwe, weil ihr Mann vom Baum gefallen ist.

☐ Die Made ist Witwe, weil eine Ameise ihren Gatten gefressen hat.

☐ Die Made ermahnt ihr Kind, zu Hause zu bleiben.

☐ Der Specht hat Mitleid mit der kleinen Made.

b. Was geschieht in dem Gedicht? Schreibe es auf.

______

______

In Gedichten von Heinz Erhardt klingen die Reime oft nicht nur am Ende der Verse.

5 a. Lies das Gedicht laut. Finde Reimwörter in den Versen, wie in den Versen 3 und 4 Gatte, hatte, Blatte.
b. Markiere die Reimwörter im Gedicht.

6 Wie wird die Made im Gedicht beschrieben?

a. Finde ein passendes Adjektiv oder wähle unter den folgenden aus:

hässlich | *eklig* | *menschlich* | *schön* | *lustig* | *streng* | *wütend* | *liebevoll*

b. Finde Stellen im Gedicht, die das deutlich machen. Schreibe zwei Beispiele auf:

7 Wie wirkt das Gedicht auf dich?

a. Kreuze an, welche der Aussagen für dich zutrifft oder schreibe eine eigene auf.

- [ ] Das Gedicht ist eigentlich traurig, aber durch die Sprache wirkt es lustig.
- [ ] Das Gedicht ist eigentlich nur lustig, da es nicht ernst gemeint ist.
- [ ] Das Gedicht wirkt traurig, weil man Mitleid mit der Made hat.

b. Schreibe einen Vers aus dem Gedicht auf, der deine Meinung gut verdeutlicht.

Heinz Erhardt hat auch das folgende Gedicht Der Kabeljau geschrieben.
Die Verse sind allerdings durcheinandergeraten.

8 **a.** Bringe die Verse in die richtige Reihenfolge.

b. Schreibe das Gedicht in dein Heft.

Das Meer ist weit, das Meer ist blau
im Wasser schwimmt kein Kabeljau.
verschluckt den Fisch mit Haut und Haar,
das ist zwar traurig, aber wahr.
Das Meer ist weit, das Meer ist blau
im Wasser schwimmt ein Kabeljau.
Da kommt ein Hai von ungefähr
ich glaub von links, ich weiß nicht mehr,

9 Vergleiche dieses Gedicht mit dem Gedicht Die Made.
Überlege, worin die Gemeinsamkeiten bestehen. Schreibe es auf.

10 Gestalte das Gedicht als ein Bildgedicht.

Die Schrift üben – schreiben üben

Hier übe ich, die Buchstaben genau zu schreiben.
Die Buchstaben müssen nach oben und unten gleich lang sein.

Aa Bb Cc Dd Ee Ff Gg Hh

Ii Jj Kk Ll Mm Nn Oo Pp Qq

Rr Ss Tt Uu Vv Ww Xx Yy Zz

1 Schreibe die Buchstaben genau auf.

Hier übe ich, die Wörter leserlich zu schreiben.

der Salat,
das Brot,
die Suppe,
der Teller,
der Apfelsaft

2 Schreibe die Wörter vom Rand sorgfältig untereinander auf.

der Salat 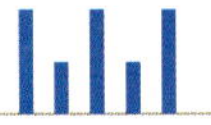

3 Ordne den Wörtern in Aufgabe 2 die Strichbilder zu.
Zeichne neben jedes Wort das passende Strichbild.

Buchstaben und Laute

Wissen kompakt

a, e, i, o, u bringen Wörter zum Klingen. Sie heißen **Vokale** (Selbstlaute):
der Hase, lesen, das Bild, der Montag, suchen.
Manchmal sind **zwei Vokale verbunden**: **ei, au, eu**.
Auch **verbundene Vokale** bringen Wörter zum Klingen: *leise, das Haus, neu*.

1 a. Was siehst du auf den Bildern? Sprich dir die Wörter vor.

der Salat, das Brot, die Nudeln, die Butter, die Tomate, die Mandarine, die Limonade

b. Schreibe die Wörter auf.
c. Markiere in jedem Wort die **Vokale**.

der Salat,

2 Was siehst du auf den Bildern?
a. Schreibe unter jedes Bild das passende Wort.
b. Sprich die Wörter. Markiere die **verbundenen Vokale**.

das Schwein, die Maus, das Flugzeug, die Raupe, die Ameise, die Eule

das Schwein,

Buchstaben und Laute

Wissen kompakt

Auch **ä, ö, ü** sind **Vokale**. Sie heißen **Umlaute**:
das Mädchen, der Löwe, müde.

3 a. Was siehst du auf den Bildern? Sprich dir die Wörter vor.
b. Verbinde jedes Bild mit dem passenden Wort.

die Schüssel

die Brötchen

der Käse

der Löffel

die Tüte

die Gläser

c. Schreibe die Wörter auf.
d. Markiere die **Umlaute**.

der Käse,

Im Kaufhaus

Der Vater von Mira und Hannes hat | bald Geburtstag. Mira und Hannes brauchen | noch Geschenke. | Sie gehen | ins Kaufhaus. | Mira entdeckt | ein Sparschwein. | Hannes findet | ein Käsemesser schön. | In der Bäckerei | gönnen sich Mira und Hannes | noch zwei süße Brötchen. |

4 Im Text findest du Wörter mit **verbundenen Vokalen** und Wörter mit **Umlauten**.
a. Markiere diese Wörter im Text.
b. Schreibe diese Wörter auf.
c. Markiere die **verbundenen Vokale** und die **Umlaute**.

brauchen, das Kaufhaus,

Sprechen – hören – gliedern

Deutlich sprechen und genau hinhören – das hilft mir beim richtigen Schreiben.

Wissen kompakt

Ich zerlege ein **Wort in Silben**: die Ba-na-ne.
Ich spreche das Wort deutlich in Silben.
Ich zeichne dabei **Silbenbögen** in die Luft.
das Brot, die Bananenmilch.

1 Schreibe die Übungswörter auf.
Mache es so:
– Sprich das Wort deutlich. Zeichne dabei die Silbenbögen in die Luft.
– Schreibe das Wort auf.
– Zeichne die Silbenbögen unter das Wort.

die Schere | die Tafel | der Stift | das Lesebuch | ausmalen | unterhalten

die Schere,

Im Kunstunterricht

1 Mia legt | einen **Pinsel** und einen Schwamm | auf den **Tisch**. |
2 Anna **holt** | ihre **Malkreiden** | aus der Tasche. |
3 Kim braucht | eine Schere und **Kleber** | für ihr Kunstwerk. |
4 Özmir hat | ein Foto mitgebracht. | Er will | einen **Papagei** abzeichnen. |

2 Im Text sind die Übungswörter blau gedruckt.
a. Ordne diese Wörter nach Silben. Schreibe sie in die Tabelle.
b. Zeichne die Silbenbögen unter die Wörter.

eine Silbe	zwei Silben	drei Silben
Tisch		

Wortfamilien richtig schreiben

Wissen kompakt

Das hilft mir beim richtigen Schreiben:
Wörter aus einer **Wortfamilie** haben den **gleichen Wortstamm**.
Wörter mit dem Wortstamm ***-fall-:*** *fallen, umfallen, der Unfall, die Falle*.

1 a. Schreibe die Wörter mit dem Wortstamm **-fall-** aus dem Bild auf.
b. Markiere in den Wörtern den Wortstamm **-fall-**.

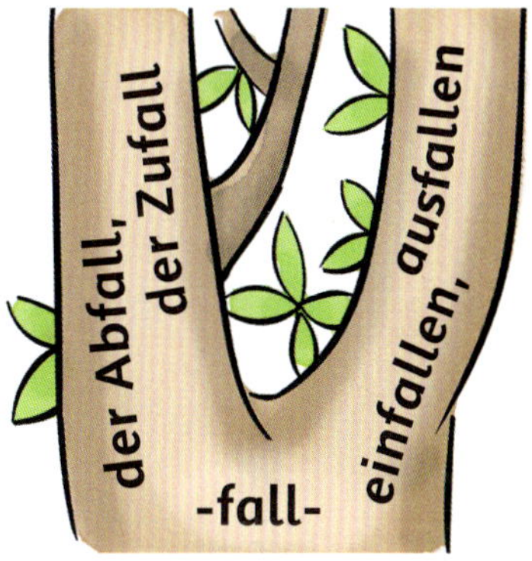

2 Die folgenden Wörter gehören zu zwei Wortfamilien.

verkaufen | *vorspielen* | *der Einkauf* | *das Spielfeld* | *ihr spielt* | *sie kauft*

a. Ordne die Wörter in die Tabelle unten ein.
b. Markiere den Wortstamm.

Wortfamilie -spiel-	Wortfamilie -kauf-
vorspielen	*verkaufen*

3 Im folgenden Text sind fünf Wörter der Wortfamilie **-stell-** versteckt. Finde die Wörter. Markiere den Wortstamm.

Zwei Eisbecher

Kai und Tanja | sind verabredet. | Kai wartet | vor der Eisdiele, | denn Tanja muss noch | ihr Fahrrad abstellen. | Endlich | bestellen die beiden | zwei Schokoladenbecher. | Die Angestellte ist neu. | Sie schreibt | die Bestellung auf. | Nach einer Weile | stellt sie | zwei Nussbecher | auf den Tisch. |

Sprechen – hören – gliedern

Deutlich sprechen und genau hinhören – das hilft beim richtigen Schreiben.

Wissen kompakt

Ich zerlege ein Wort in Silben: *die Ba – na – ne.*
Beim Sprechen und Schreiben zeichne ich Silbenbögen: *Banane.*

1 Zerlege jedes Wort aus dem Wortspeicher in Silben.
a. Sprich das Wort deutlich und zeichne dabei Silbenbögen in die Luft.
b. Schreibe jedes Wort mit Silbenbögen auf die Linien.

die Erdbeermilch | der Schokoladenkuchen | das Schulgebäude | der Käse | das Fahrrad | der Gong

die Erdbeermilch, ______ ______

______ ______

______ ______

2 **a.** Zerlege die blau gedruckten Wörter in Sprechsilben.
Achtung: Drei Wörter bestehen nur aus einer Silbe!
b. Trage die Wörter mit Silbenbögen in die Tabelle ein.

Die neue Schule

In der neuen **Schule** | gibt es einige **andere** | Unterrichtsfächer. | Von Physik, Chemie und Biologie | weiß **ich** einiges | schon aus dem **Sachunterricht**. | Aber jetzt | ist alles ausführlicher.

Zu vielen **Stunden** | wechseln **wir** | den **Unterrichtsraum**. | Daran habe ich | mich **schnell gewöhnt**. | Manchmal weiß ich aber nicht, | wo ich **hingehen** soll. | Dann hilft mir | der Hausmeister. | Er ist sehr nett. | Auch in der Klasse | helfen wir | uns **gegenseitig**. |

eine Silbe	zwei Silben	drei Silben	vier Silben
ich	*Schule*	*andere*	*Sachunterricht*

3 Schreibe den Text Die neue Schule in dein Heft.

Nomen verlängern

Wissen kompakt

Wenn ich nicht genau hören kann, mit welchem Buchstaben ein Wort endet, verlängere ich das Wort. Bei Nomen bilde ich den Plural (die Mehrzahl).

d oder t? *das Pfer? – die Pfer**d**e, also: das Pfer**d***
b oder p? *der Kor? – die Kör**b**e, also: der Kor**b***
g oder k? *der Ta? – die Ta**g**e, also: der Ta**g***

1 **a.** Verlängere die folgenden Nomen, indem du die Pluralform bildest.
b. Ergänze den richtigen Buchstaben. Schreibe beide Wörter auf die Linie.
c. Markiere jeweils den Buchstaben, den du durch Verlängern herausgefunden hast.

das Lie? – die Lieder, also: das Lied

d oder t?

die Han? | der Elefan? | das Bil?

b oder p?

der Urlau? | der Sta? | das Kal?

g oder k?

der Ber? | der Zu? | die Ban?

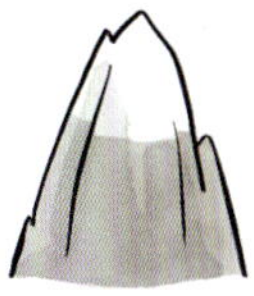

Adjektive und Verben verlängern

Wissen kompakt

Wenn ich den letzten Buchstaben eines Wortes nicht genau hören kann, verlängere ich das Wort.

Adjektive verwende ich in einer **Wortgruppe**:
d oder t? *wil? – das wil**d**e Tier, also: wil**d***
b oder p? *hal? – die hal**b**e Stunde, also: hal**b***
g oder k? *star? – das star**k**e Pferd, also: star**k***

Von **Verben** bilde ich die **Grundform**:
d oder t? *sie fan? – fin**d**en, also: sie fan**d***
b oder p? *er schrie? – schrei**b**en, also: er schrie**b***
g oder k? *es klin?t – klin**g**en, also: es klin**g**t*

1 Verlängere die Adjektive, bilde mit ihnen Wortgruppen.
a. Bilde mit dem Adjektiv eine Wortgruppe.
b. Sprich das verlängerte Adjektiv deutlich und höre genau hin.
c. Schreibe das Adjektiv mit der Wortgruppe auf die Linie.
d. Markiere den Buchstaben, den du beim Verlängern herausgefunden hast.

anstrengen? – die anstrengende Deutscharbeit, also: anstrengend

d oder t? *frem? – die ______ Stadt, also: ______*

kal? – der ______ Winter, also: ______

b oder p? *gel? – der ______ Mond, also: ______*

g oder k? *klu? – die ______ Freundin, also: ______*

2 Verlängere die Verben, bilde die Grundform (den Infinitiv).
a. Schreibe zuerst die Grundform des Verbs auf, dann die gebeugte Form.
b. Markiere den Buchstaben, den du beim Verlängern herausgefunden hast.

er gib?t – geben, also: er gibt,

b oder p: *er blei?t (zu Hause), sie le?t (am Meer)*

______

d oder t: *er ban? (den Schuh zu), sie bo? (ihren Platz an)*

______

g oder k: *er brin?t, sie den?t (an dich)*

______

Wörter ableiten

Wissen kompakt

Den Unterschied zwischen ä und e sowie äu und eu kann man kaum oder gar nicht hören.
Wenn ich **verwandte Wörter mit a / au** finde, dann schreibe ich **ä / äu**.
ä oder e? *w?hlen, ein verwandtes Wort mit **a** = die Wahl, also: wählen*
äu oder eu? *die R?me, ein verwandtes Wort mit **au** = der Raum, also: die Räume*

1 **a.** Finde zu folgenden Wörtern verwandte Wörter mit **a** und schreibe sie auf.
b. Markiere anschließend **a** und **ä** in den verwandten Wörtern.

die Hände | er hält | ängstlich | die Räder | Mäntel

die Hände kommt von die Hand, also: Hände

kommt von

kommt von

kommt von

kommt von

2 **a.** Finde zu folgenden Wörtern verwandte Wörter mit **au** und schreibe sie auf.
b. Markiere anschließend **au** und **äu** in den verwandten Wörtern.

die Träume | die Häuser | schäumen | die M__se

die Träume kommt von der Traum, also: Träume

kommt von

kommt von

kommt von

Die folgenden Wörter kann man nicht von verwandten Wörtern ableiten.
Es sind **Merkwörter:** *spät, sägen, die Träne, der Lärm, der März, abwärts*

3 Bilde mit den Merkwörtern spät und Lärm jeweils einen Satz. Markiere die Buchstaben **ä**.

Nomen erkennen und großschreiben

Wissen kompakt

Nomen werden großgeschrieben. Woran erkenne ich ein Nomen?
Ich prüfe,
– ob das Wort **Personen oder Gegenstände** bezeichnet,
– ob das Wort von einem bestimmten oder unbestimmten **Artikel** begleitet wird.

1 Betrachte das Bild genau.
a. Welche Personen und Gegenstände erkennst du?
b. Schreibe die Nomen mit ihrem bestimmten Artikel in die Tabelle.

Gegenstände	*Personen*
der Tisch, die Tafel,	*die Schülerinnen,*

2 **a.** Finde alle Nomen, vor denen direkt ein bestimmter oder unbestimmter Artikel steht.
b. Markiere den Artikel und den großen Anfangsbuchstaben des Nomens.
c. Schreibe die Nomen mit ihrem Artikel in dein Heft.

Die Kinder sitzen | an einem Tisch. | Sie arbeiten zusammen. | Die Schülerinnen und Schüler sollen | sich die Sätze diktieren. | Das müssen sie | gut planen. Schließlich einigen sie sich. | Zuerst diktieren die Mädchen. | Die Jungen schreiben. | Danach wird gewechselt. | Bald sind alle fertig. | Dann vergleichen sie | die Wörter | und berichtigen gemeinsam | die Fehler. |

Wortfamilien richtig schreiben

Wissen kompakt

Das hilft mir beim Schreiben: Wörter aus einer **Wortfamilie** haben den **gleichen Wortstamm**. Dieser wird in der Regel gleich geschrieben.
Die folgenden Wörter gehören zu einer Wortfamilie:
laufen, verlaufen, nachlaufen, das Laufrad, das Laufband, eislaufen, er läuft

1 Schreibe die Wörter der Wortfamilie aus dem Bild auf.
- **a.** Ordne die Wörter nach Wortarten.
- **b.** Schreibe vor jedes Nomen den bestimmten Artikel.
- **c.** Markiere in jedem Wort den Wortstamm.

Nomen: *der Fallschirm,* ____________________

____

____

____

Verben: ____________________

____

____

Adjektive: ____________________

____

2 Schreibe weitere Wörter mit dem Wortstamm **-fall-** dazu.

3 **a.** Markiere im folgenden Text alle Wörter mit dem Wortstamm **-fahr-**.
b. Schreibe weitere Wörter mit dem Wortstamm **-fahr-** auf die Zeile unter dem Text.

Die Fahrgemeinschaft

Jeden Morgen | fahren Anna, Paul, Naomi und Tarik | mit dem Fahrrad | gemeinsam zur Schule. | Abfahrt ist immer 7:00 Uhr. | Unterwegs auf dem Fahrradweg | treffen sie noch Tim und Lea. | An einem stark befahrenen Abzweig | ist der Weg | kaum noch befahrbar, | deshalb umfahren sie | die Stelle im großen Bogen. | Diese Umleitung | haben nun | auch andere Fahrzeuge entdeckt, | einige haben sich dabei | aber ganz schön verfahren. |

____

Wörter mit Doppelkonsonanten

Wissen kompakt

Nach einem kurzen Vokal folgen oft zwei gleiche Konsonanten.
Sie heißen **Doppelkonsonanten**:
wetten, das Wasser, sonnig.

Im Sommer

Im Sommer | hoffen viele Menschen | auf schönes **Wetter**. | Sie wollen | **schwimmen** gehen | oder im Park **grillen**. | Die **Sonne** kann | aber auch | zu heiß sein. | Die Menschen suchen | dann **schnell** | den **Schatten**. | Oder sie sind froh, | **wenn** es | nach einem **Gewitter** | kühler wird. |

1 Worauf hoffen viele Menschen im Sommer?
Schreibe auf.

Viele Menschen hoffen auf ____________________.

2 **a.** Lies die folgenden Wörter deutlich. Achte auf den kurzen Vokal.
b. Setze einen Punkt unter den kurzen Vokal.

der Sommer   hoffen   wollen   dann   der Schatten

3 Im Text sind einige Wörter mit doppelten Konsonanten blau gedruckt.
a. Schreibe diese Wörter auf.
b. Markiere den Doppelkonsonanten.

das Wetter, ____________________

____

____

4 Ergänze die Sätze. Verwende Wörter aus Aufgabe 3.

Die Sonne scheint. Maja will im See ____________________.

Es ist zu heiß. Martin setzt sich in den ____________________.

Es donnert und blitzt. Es gibt ein ____________________.

Wörter mit Doppelkonsonanten

Wissen kompakt

Nach einem kurzen Vokal im Wortstamm folgen oft doppelte Konsonanten:
Bagger, wollte, schlimm, Leichtsinn, unzertrennlich, Wasser, retten.

Hasso, der Retter

Im letzten Winter | war der **Baggersee** zugefroren. | **Benno** **wollte** | auf dem **glatten** Eis **schlittern**. | Doch das Eis | war noch zu **dünn**. | Der Junge brach ein. | Leider **nimmt** so ein **Leichtsinn** | oft ein **schlimmes** Ende. | Das eisige **Wasser** | **kann** einen **Herzstillstand** | bewirken. Benno rief laut: „Hilfe, **rettet** mich!“ | Und was tat Hasso? | Der schlaue Hund | **rannte** sofort zu seinem **Herrn**. | Er packte Benno am Ärmel | und zog ihn wieder aufs Eis. | Von dort aus | **konnte** der Junge | sich ans Ufer **retten**. | Seitdem sind beide | **unzertrennlich**.

1 Wer rettete Benno? Schreibe deine Antwort in einem Satz auf die Linie.

____

2 Im Text sind die Wörter mit Doppelkonsonanten blau gedruckt.

a. Sprich die Wörter leise vor dich hin.
b. Markiere die Doppelkonsonanten.
c. Setze jeweils einen Punkt unter den kurzen Vokal.

Baggersee

3 **a.** Schreibe die folgenden Wörter alphabetisch auf die Linien.
b. Markiere den Doppelkonsonanten farbig.

schaffen | hell | ankommen | kennen | klappen | Wasser | Mutter

ankommen, ______________________________

____

c. Schreibe mit zwei Wörtern je einen Satz auf.

____

____

4 Schreibe den Text Hasso, der Retter in dein Heft.
Markiere alle Doppelkonsonanten farbig.

Nomen großschreiben

Wissen kompakt

Nomen schreibe ich **groß**.
Vor einem Nomen steht oft ein Artikel:
der Tag – ein Tag, die Reise – eine Reise, das Flugzeug – ein Flugzeug.

Der Ausflug

Heute | besucht **die Klasse 5b** | das Technikmuseum. | Es gibt | viel zu sehen: | die Autos von früher, | die Motorräder, | **eine alte Lokomotive.** | Einige Kinder schauen sich | einen Film | über die Raumfahrt an. | Danach | staunen die Kinder | über **die große Sammlung** | von Uhren. | Alle freuen sich | über **die tollen Erlebnisse**. |

1 Was besucht die Klasse 5b? Schreibe die Antwort auf.

2 Einige Wortgruppen mit Nomen sind im Text blau gedruckt.
a. Schreibe diese Wortgruppen auf.
b. Markiere den Großbuchstaben am Anfang des Nomens.

die Klasse 5 b,

3 Einige Nomen stehen mit Artikel im Text. Markiere sie.
Schreibe mindestens fünf Nomen mit dem Artikel auf.

das Technikmuseum,

4 Wähle zwei Nomen vom Rand aus. Schreibe einen Satz.

die Klasse,
das Museum,
der Ausflug

Nomen großschreiben

Wissen kompakt

Nomen werden großgeschrieben. Sie bezeichnen meist **Lebewesen (Menschen, Tiere, Pflanzen)** und **Gegenstände**.
Oft steht ein **Artikel** vor einem **Nomen**: *die **F**rau – eine **F**rau, das **L**amm – ein **L**amm, der **B**aum – ein **B**aum, das **A**uto – ein **A**uto.*

Auf dem Bild kannst du viele Lebewesen und Gegenstände finden.

1 Zeichne die Tabelle in dein Heft.

a. Schreibe die Nomen mit ihren bestimmten Artikeln in die Tabelle.
b. Schreibe jedes Nomen noch einmal mit dem unbestimmten Artikel dazu.
c. Markiere jeweils die großen Anfangsbuchstaben der Nomen und unterstreiche die Artikel.

Lebewesen	*Gegenstände*
das Kind – ein Kind	*die Schaukel – eine Schaukel*
…	…

2 Beschreibe einen Ausschnitt des Bildes.

a. Wähle mindestens vier Nomen aus der Tabelle aus.
b. Schreibe mit den Nomen Sätze auf, die etwas aus dem Bild beschreiben.
c. Markiere die großen Anfangsbuchstaben der Nomen.

Auf der Schaukel sitzt ein Mädchen mit einer blauen Mütze.

Nomen mit -ung und -heit

Wissen kompakt

Wörter mit **-ung** und **-heit** sind **Nomen**. Nomen schreibe ich groß:
die Übung, die Lösung, die Gesundheit, die Sicherheit.

Die Bratwurst

Die Sonne scheint. | Das ist | eine gute **Gelegenheit** | zu grillen. Die Familie Mohn trifft sich | im Hof. | Der Hund Tim läuft | vor **Aufregung** | hin und her. | Herr Mohn legt jedem | eine Bratwurst | auf den Teller. | Opa holt schnell | ein Glas Senf | aus der **Wohnung**. | Als er wiederkommt, | ist sein Teller leer. | Eine böse Überraschung! | Frau Mohn hat | eine Vermutung. | Sie schaut zu Tim. | Und richtig, | er kaut noch | an der Wurst. | Opa ruft: | „So eine Frechheit!“ | Dabei lacht er. | Zur Sicherheit | passt Opa ab jetzt | auf sein Essen auf. |

1 Wo trifft sich die Familie Mohn? Schreibe die Antwort in einem Satz auf.

2 Drei Nomen mit **-ung** und **-heit** sind im Text blau gedruckt.
a. Schreibe die Nomen mit dem Artikel **die** auf.
b. Markiere die Großbuchstaben am Anfang der Nomen.

die Gelegenheit,

3 **a.** Markiere vier weitere Nomen mit **-ung** und **-heit** im Text.
b. Schreibe die Nomen mit dem Artikel **die** auf.
c. Markiere die Großbuchstaben am Anfang der Nomen.

4 Schreibe den Trainingstext Die Bratwurst in dein Heft.

Nomen mit -ung, -heit, -keit, Komma bei Aufzählung

Wissen kompakt

Aus **Verben** und **Adjektiven** können **Nomen** werden. Die Endungen **-ung**, **-heit** und **-keit** machen aus Wörtern Nomen. Sie werden **großgeschrieben**.
*heiter – **die** Heiter**keit**, erziehen – **die** Erzieh**ung**, neu – **eine** Neu**heit***

Satzzeichen: Die Wörter einer **Aufzählung** werden durch **Kommas** voneinander getrennt. Das letzte Glied einer Aufzählung kann durch *und* angehängt werden. Vor *und* steht **kein** Komma: *Maria, Karla, Franz **und** Boris spielen zusammen Fußball.*

Die Prüfung

Einmal im Jahr findet an Jans Schule | die Überprüfung der Fahrräder statt. | Bei Dunkelheit | werden die Schülerinnen und Schüler angehalten. | Polizisten und Lehrpersonen | überprüfen die Eignung | der Räder. | Vor allem die Bremsen | und die Beleuchtung | dienen der Sicherheit. | Jan ließ sein Fahrrad | aus Sparsamkeit | nicht reparieren. | Deshalb wurde es mitgenommen. | Nur seine Eltern dürfen es abholen. | Jan schimpft: | „Das ist eine Gemeinheit! | Wie soll ich morgens | fröhlich, sauber und pünktlich | in die Schule kommen?" |

1 Weshalb ließ Jan sein Fahrrad nicht reparieren? Schreibe deine Antwort auf.

2 Im Text findest du Nomen, die auf -ung, -heit oder -keit enden.
a. Schreibe die Nomen mit dem Artikel auf.
b. Schreibe die passenden Verben und Adjektive dazu.
die Überprüfung – überprüfen, die Dunkelheit – dunkel,

3 Im Text oben findest du eine Aufzählung. Markiere sie.

4 Setze in den folgenden Sätzen die fehlenden Kommas.

Paul isst gern Pizza Spagetti Bratwurst und Obst.
Jana mag blaue rote gelbe und weiße Blumen.
Nach der Schule bummeln baden spielen und faulenzen die Schüler.

5 Schreibe den Trainingstext Die Prüfung ab. Schreibe in dein Heft.

Wörter mit ie

Wissen kompakt

Fast alle Wörter mit einem lang gesprochenen **i** schreibe ich mit **ie**:
lieben, spielen, viele, die Zwiebel.

Auf dem Straßenfest

Ben und Klara **spazieren** | mit den Eltern | zum Straßenfest. | Am **Schießstand** | möchte Ben | sein Glück versuchen. | Es ist **schwierig**, | das **Ziel** zu treffen. | Aber Ben schafft es **schließlich**. | Er darf sich | ein **Spielzeug** aussuchen. | Dann kaufen Ben und Klara | Lose an der Losbude. | Doch es sind | nur **Nieten**. | Zum Schluss | essen alle | noch einen **Liebesapfel**. |

1 Was darf sich Ben am Schießstand aussuchen?
Schreibe die Antwort auf.

____

2 Im Text sind die Wörter mit **ie** blau gedruckt.
a. Lies die Wörter. Sprich das **ie** besonders lang.
b. Schreibe die Wörter mit **ie** auf.
c. Markiere in den Wörtern das **ie**.

spazieren, der Schießstand, ______________________________

____

3 Ergänze die Sätze. Markiere in den Wörtern das **ie**.

Fieber, schieben, verliere, tief

Mein Bruder ist krank, er hat ____________.

Das Gegenteil von hoch ist ____________.

Klaras Reifen ist platt. Sie muss ihr Fahrrad ____________.

Mein Schlüssel hängt an einem Band,

damit ich ihn nicht ____________.

Wörter mit ie, Komma bei Sätzen mit weil

Wissen kompakt

In der deutschen Sprache werden die meisten Wörter mit einem lang gesprochenen **i** mit **ie** geschrieben: *das Lied, der Dienstag, viel, spielen.*

Das Wort **weil** steht meistens nach einem **Komma**, wenn es nicht am Satzanfang steht.
Aishe geht gern auf das Volksfest, ***weil*** *es da viele leckere Sachen gibt.*

Auf dem Volksfest

An **diesem** Wochenende | geht Aishe | auf das **Zwiebelfest**. | Es findet jedes Jahr | im Herbst | zur **Zwiebelernte** statt. | **Sie** freut sich, | weil dort **viel** los ist. | **Sie** kann an den Buden | leckere Sachen **probieren**. | Aber ihr großes **Ziel** | ist das Festzelt. | Dort trifft sie **die** Freunde. | **Die** Kapelle **spielt** | und überall **riecht** es lecker. | Dazu **schmieren** Landfrauen Brote | und verteilen **sie** kostenlos. | Aishe geht spät nach Hause, | weil **die** Veranstalter | das Fest erst am Abend **schließen**. |

1 Warum will Aishe zum Festzelt? Schreibe die Antwort in einem Satz auf.

2 Im Text sind Wörter mit einem lang gesprochenen **ie** blau gedruckt.
a. Schreibe die Wörter mit **ie** auf und markiere das **ie** farbig.
b. Schreibe vor jedes Nomen den bestimmten Artikel.

diesem

3 **a.** Schreibe die Nomen im Singular und Plural auf.
b. Markiere das ie farbig.

der Brief | das Papier | die Biene | das Tier | die Schiene | die Fliege

der Brief, die Briefe

4 Im Text findest du zwei Sätze mit weil.
Markiere weil und das Komma.

5 Schreibe den Trainingstext Auf dem Volksfest ab. Schreibe in dein Heft.

Komma bei Aufzählungen

Wissen kompakt

Aufzählungen: Wenn ich Wörter oder Wortgruppen aufzähle, trenne ich sie durch ein **Komma** voneinander. Vor und steht kein Komma.
*Sina, Karla, Franz **und** Boris spielen zusammen Fußball.*

1 Was mag Sina?
a. Ergänze die Sätze.
b. Markiere die Kommas in den Aufzählungen.

Sina mag ______________________________

Am Wochenende möchte Sina ______________________________

____

2 Was magst du gerne? Ergänze den Satz.
Zähle mindestens drei Dinge auf. Achte auf die Kommas.

Ich esse am liebsten ______________________________

____

3 Im folgenden Text fehlen drei Kommas in den Aufzählungen.
a. Setze die fehlenden Kommas.
b. Schreibe den Text richtig in dein Heft.

Ferien bei Oma

Sina freut sich | auf die Ferien | bei Oma. | Sie will lange schlafen, | faulenzen und einkaufen. | Oma freut sich | auf Sina. | Sie will | mit Sina | kochen wandern und den Keller aufräumen. | Oma und Sina einigen sich: | Sie schlafen lange gehen spazieren kochen Nudeln und faulenzen dann.

Achtung: Fehler!

Satzschlusszeichen

Wissen kompakt

Ich beende einen **Aussagesatz** mit einem **Punkt**: *Tim sucht seine Katze.*
Ich beende einen **Fragesatz** mit einem **Fragezeichen**: *Wo ist die Katze?*
Ich beende einen **Aufforderungssatz** oder einen **Ausrufesatz** meistens mit einem **Ausrufezeichen**: *Hilf mir bitte!*

Ein Loch im Zahn

Jana sagt | zu ihrer Mutter: | **„Ich habe Zahnschmerzen."** |
Die Mutter telefoniert | mit der Zahnarztpraxis. |
Sie fragt: | **„Wann kann | meine Tochter | vorbeikommen?"** |
Jana bekommt sofort | einen Termin. |
Die Zahnärztin füllt | ein Loch im Zahn. |
Jana ruft: | **„Endlich keine Schmerzen mehr!"** |
Die Zahnärztin fordert: | „Komm | in sechs Monaten | zur Kontrolle!" |

1 Wann bekommt Jana einen Termin? Schreibe einen Satz auf.

2 Drei Sätze sind im Text blau gedruckt.
a. Schreibe die Sätze auf.
b. Markiere die Satzschlusszeichen.

Aussagesatz: ______

Fragesatz: ______

Ausrufesatz: ______

3 Setze die richtigen Satzschlusszeichen ein.

Möchtest du eine Spritze

Dein Termin ist in sechs Monaten

Du musst die Zähne gründlicher putzen

Wortart: Nomen

Wissen kompakt

Nomen benennen **Lebewesen** (Menschen, Tiere, Pflanzen) und **Gegenstände** (Dinge). Nomen schreiben wir immer groß: *der Mann, ein Hund, viele Blumen, das Buch.*

der Junge | die Enten | die Decke | das Gras | das Buch | das Mädchen | der Ball | die Kappe | der Rucksack | der Baum | die Brille | der Vogel | die Blume | der Schmetterling | der Wald

1 Auf dem Bild siehst du Menschen und Tiere.
Schreibe die Nomen mit den Artikeln auf.

der Junge,

2 Auf dem Bild siehst du auch Pflanzen.
Schreibe die Nomen mit den Artikeln auf.

das Gras,

3 Auf dem Bild siehst du verschiedene Gegenstände.
Schreibe die Nomen mit den Artikeln auf.

die Decke,

Wortart: Nomen

Wissen kompakt

Einige Nomen benennen etwas, das wir **fühlen oder uns vorstellen**:
das Glück, die Freude, der Tag.

Boris schreibt auf, was er erlebt hat.

Lea und ich hatten viel **Spaß** am See.
Das **Wetter** war schön und das Wasser war warm.
Am **Nachmittag** erlebten wir eine **Überraschung**:
Eine Entenfamilie saß auf unserer Decke.
Lea hatte ein wenig **Angst**. Wie sollten wir die Enten vertreiben?
Ich hatte die **Idee**, die Enten mit Brot zu locken.
Nun gehörte die Decke wieder uns!

4 Im Text sind einige Nomen blau gedruckt.
Sie benennen etwas, das wir fühlen oder uns vorstellen.
Schreibe diese Nomen mit den Artikeln auf.

der Spaß, ____________________

____

____

der Spaß, die Idee, der Nachmittag, die Angst, das Wetter, die Überraschung

5 Welche Nomen benennen Lebewesen oder Gegenstände?
Welche Nomen benennen etwas, das wir fühlen oder uns vorstellen?
Ordne die Nomen mit den Artikeln in die Tabelle ein.

die Frau | die Zeit | das Kleeblatt | der Traum
das Glück | der Frosch | der Hunger | die Jacke

Lebewesen, Gegenstände	etwas, das wir fühlen oder uns vorstellen
die Frau,	

Nomen und ihre Artikel

Wissen kompakt

Vor einem Nomen steht oft ein Artikel.
Es gibt **bestimmte Artikel**: *der, das, die.*
Es gibt **unbestimmte Artikel**: *ein, ein, eine.*
der Junge – ein Junge, das Auto – ein Auto, die Blume – eine Blume

Der Klassenraum

Der Klassenraum der 5 a wird verschönert. Robin räumt **das Regal** mit den Büchern auf. Sina räumt **die Kiste** mit den Malsachen auf. Toni putzt **die Tafel**. Mia hängt **das Foto** von der Klassenfahrt auf. Ahmets Mutter hat eine Pflanze für **die Fensterbank** gekauft. Und **der Vater** von Leo hat ein kleines Sofa gestiftet. Alle sind zufrieden, auch **der Lehrer** lobt **das Ergebnis**.

1 Im Text sind einige Nomen mit Artikeln blau gedruckt.
Ordne die Nomen mit den bestimmten Artikeln in die Tabelle ein.

der	das	die
der Klassenraum		

2 Schreibe neben jedes Bild das passende Nomen.
Schreibe die Nomen mit den bestimmten und unbestimmten Artikeln auf.

ein Buntstift,
ein Lineal, eine Kiste

der Buntstift – ein

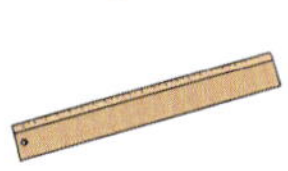

Nomen und ihre Artikel

Die Kinder sprechen über ihren Klassenraum.

Tamara: Die Pflanze von Ahmets Mutter hat sehr schöne Blätter. Ich kann auch eine Pflanze von zu Hause mitbringen.

Robin: Das Bücherregal ist fast voll. Wir brauchen bald noch ein Regal. Und einen neuen Computer.

Sina: Ein Computer ist aber teuer. Der alte Computer läuft doch noch.

Ahmet: Ich wünsche mir eine Lampe neben dem Sofa. Wir brauchen die Lampe zum Lesen.

3 Im Text findest du Nomen mit unbestimmten Artikeln.

a. Markiere diese Nomen.

b. Schreibe die Nomen mit den unbestimmten Artikeln auf.

eine Pflanze, ______________________________

____

4 Ahmet beschreibt seine Schule.

a. Markiere die Nomen mit den unbestimmten Artikeln.
Achtung: Manchmal steht ein Adjektiv zwischen Artikel und Nomen.

b. Ergänze die Nomen mit den bestimmten Artikeln.

das Sofa, der Schulgarten, die Bücherei, das Aquarium

In unserer Klasse haben wir ein kleines Sofa.

Alle finden *das Sofa* prima.

Im Flur steht ein Aquarium mit bunten Fischen.

Aber ______________________ macht viel Arbeit.

Unsere Schule hat auch eine kleine Bücherei.

Mittwochs ist ______________________ geschlossen.

Neben dem Sportplatz gibt es einen Schulgarten.

Aber mich interessiert ______________________ nicht.

Nomen im Singular und im Plural

Wissen kompakt

Fast alle Nomen können im **Singular (Einzahl)** und im **Plural (Mehrzahl)** stehen. Es gibt verschiedene Möglichkeiten, wie der Plural gebildet wird.
das Spiel – die Spiele, der Baum – zwei Bäume, die Blume – viele Blumen

Die Schule hat einen Schulgarten.

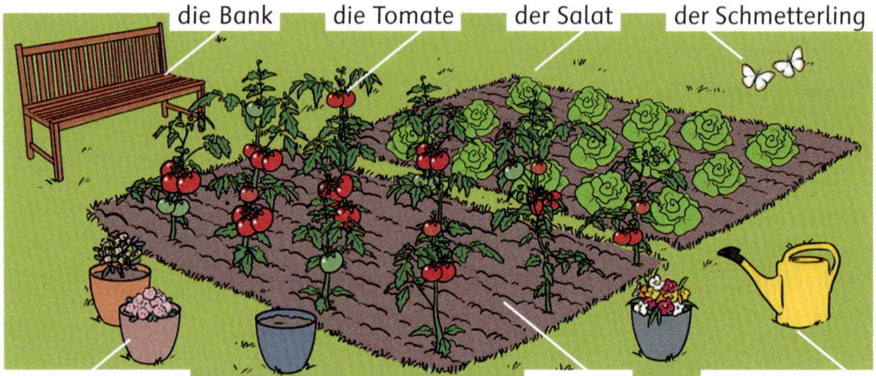

die Salate,
die Beete,
die Schmetterlinge,
die Tomaten,
die Gießkannen,
die Bänke,
die Blumentöpfe

1 Auf dem Bild siehst du viele Pflanzen und Gegenstände.
Schreibe die Nomen mit ihren Artikeln auf.

Singular (Einzahl)	Plural (Mehrzahl)
der Salat	*die Salate*

2 Markiere die Artikel im Plural. Was fällt dir auf?

Im Plural ist der Artikel immer ______________.

Nomen im Singular und im Plural

Im Schulgarten

Anja und Deniz arbeiten heute im Schulgarten. Zuerst gießt Deniz die Beete. Es ist Juni, viele Früchte sind schon reif. Deniz pflückt drei Tomaten. Sie sind schön rot. Anja isst zwei Erdbeeren. Sie schmecken süß. Mit einem Messer schneidet Anja einen Kopfsalat ab. Deniz stellt die Blumentöpfe in den Schatten und gießt die Blumen. Dann setzen sich die Kinder auf die Bank. Sie beobachten zwei Schmetterlinge.

3 In dem Text findest du 8 Nomen im Plural (Mehrzahl).

a. Markiere diese Nomen.

b. Markiere den Artikel die und die Wörter viele, drei, zwei vor den Nomen.

4 Ergänze die Sätze mit passenden Nomen aus dem Text.

Deniz gießt *die Beete* ______.

Er pflückt ______.

Anja isst ______.

Deniz gießt auch ______.

Die Kinder beobachten ______.

5 Schreibe zwei Sätze mit Nomen im Singular oder im Plural. Wähle Nomen vom Rand aus.

______

______

______

______

______

die Gurken, die Bienen, die Schnecken, die Möhren, die Blumen

Zusammengesetzte Nomen

Wissen kompakt

Wir können zwei **Nomen zusammensetzen**. Es entsteht ein neues Nomen.
Das zusammengesetzte Nomen hat immer den **Artikel des zweiten Nomens**:
die Hand + der Ball = der Handball.

1 Magda trägt Sportkleidung.
Schreibe die passenden Nomen neben das Bild.

die Schuhe, die Jacke, die Hose, der Beutel

die Jacke

____

____

____

2 **a.** Bilde zusammengesetzte Nomen mit dem Nomen **Sport**.
Schreibe die Nomen wie im Beispiel auf.
b. Markiere die Artikel wie im Beispiel.

der Sport + die Jacke = die Sportjacke

____

____

____

3 Bilde zusammengesetzte Nomen.
Schreibe die Nomen mit den Artikeln auf.

der Sport	+	*der Verein*
	+	*die Halle*
	+	*das Fest*
	+	*das Abzeichen*

der Sportverein,

____

Zusammengesetzte Nomen

Der kalte Regentag

Thea zieht ihre Winterjacke an und spannt den Regenschirm auf. Sie läuft über die Straße zu ihrem Freund Robin. Robin sagt: „Was für ein kalter Regentag! Komm, meine Mutter hat einen Gemüsekuchen gebacken." Die Freunde essen den Gemüsekuchen. Dann spielen sie ein Computerspiel.

4 In dem Text findest du 5 zusammengesetzte Nomen.
a. Markiere diese Nomen.
b. Schreibe die zusammengesetzten Nomen mit ihren Artikeln auf.
c. Markiere die Artikel wie im Beispiel.

der Schirm, der Tag, der Kuchen, das Spiel, das Gemüse, der Regen, der Computer

der Winter + die Jacke = die Winterjacke

5 Bilde zusammengesetzte Nomen.
Schreibe die Nomen mit den Artikeln auf.

der Regen *der Sommer* *das Leder*	+	*die Jacke*

das Gemüse	+	*die Suppe* *das Beet* *der Verkäufer*

6 Schreibe einen Satz mit zwei zusammengesetzten Nomen in dein Heft.

Wortart: Nomen und ihre Begleiter

Wissen kompakt

Nomen bezeichnen **Lebewesen** (Menschen, Tiere, Pflanzen) und **Gegenstände**. Nomen bezeichnen auch **gedachte oder vorgestellte Dinge**.	*die Frau, der Hund, der Baum, das Rad* *der Hunger, das Glück, die Zeit*
Vor einem Nomen steht oft ein **Artikel** (Begleiter): der – ein, das – ein, die – eine.	*Die Frau hat Zeit. Sie hält einen Hund an der Leine. Das Wetter ist gut für einen Spaziergang.*
Fast alle Nomen können im **Singular** (Einzahl) und im **Plural** (Mehrzahl) stehen.	*der Ball – die Bälle, das Kind – die Kinder, die Uhr – die Uhren*

1 **a.** Sieh das Bild an. Welche Lebewesen, Gegenstände und gedachten Dinge erkennst du?
b. Ordne die entsprechenden Nomen in die Tabelle ein.
c. Schreibe zu jedem Nomen den bestimmten Artikel.
Achte darauf, ob du die Nomen im Singular oder Plural aufschreiben musst.

Menschen, Tiere, Pflanzen	Gegenstände	Gedachtes, Vorgestelltes
der Hund	*die Decke*	*das Lied*

2 Beschreibe mit mindestens einem Satz, was du auf dem Bild siehst.
Verwende dabei möglichst viele Nomen aus der Tabelle.

Wortart: Nomen in vier Fällen

Wissen kompakt

Nomen erscheinen in Sätzen immer in einem bestimmten **Fall** (Kasus).
Den Fall kannst du erfragen mit: Wer oder was …? Wessen …? Wem …? Wen oder was …?
Der Artikel und die Endung des Nomens richten sich nach dem Fall.
Wer oder was *liest das Buch? Luisa liest* ***das*** *Buch. (1. Fall)*
Wessen *Hut wird vermisst? Der Hut* ***des*** *Hausmeister****s*** *wird vermisst. (2. Fall)*
Wem *gehört die Brille? Die Brille gehört* ***dem*** *Lehrer. (3. Fall)*
Wen oder was *wollen wir basteln? Wir wollen* ***den*** *Drachen basteln. (4. Fall)*

In unserer Schule kann man am Nachmittag verschiedene Arbeitsgemeinschaften besuchen.

Die Bastel-AG ist neu eröffnet worden.
Luisa hat die Bastel-AG bei Herrn Müller gewählt.
Er gibt den Kindern das Bastelmaterial.
Mit der Schere des Lehrers schneidet sie ihre Muster aus.
Wenn Luisa Hilfe braucht, ruft sie den Lehrer.

1 Wer? Wessen? Wem? Wen?
a. Stelle zu den blau gedruckten Nomen Fragen.
b. Schreibe die Fragen und die Antworten auf die Linien.
c. Markiere in den Fragen die Fragewörter.
d. Markiere in den Antworten die Nomen mit ihren Artikeln.

Wer oder was *ist neu eröffnet worden?* ***Die Bastel-AG*** *ist neu eröffnet worden.*

2 Schreibe die Sätze vollständig auf.
Ergänze dabei das Nomen mit dem richtigen Artikel.

schönsten Drachen | Drachen

Luisa hat in der Bastel-AG ______________ gebaut.

Sie wird ______________ einen besonderen Namen geben.

Wortart: Personalpronomen

Wissen kompakt

Wörter wie *er, sie, es* sind **Personalpronomen**.
Wir können ein Nomen durch ein Personalpronomen ersetzen.
***Der Hund** bellt, denn **er** freut sich.*

Ein Picknick mit den Freunden

Lea hat **Eistee** gemacht. **Er** ist schön kalt.
Hamid hat **Brezeln** gekauft. **Sie** sind noch warm.
Marco bringt eine **Melone** mit. **Sie** schmeckt frisch und süß.
Marco hat auch ein **Kartenspiel** dabei.
Es ist ganz neu.

1 Was bringen die Freunde zum Picknick mit?
a. Schreibe die Nomen mit den Artikeln in die Tabelle.
b. Schreibe die passenden Personalpronomen daneben.

Nomen	Personalpronomen
die Melone	*sie*

der Eistee – er
die Brezeln – sie
die Melone – sie
das Kartenspiel – es

2 Die Freunde unterhalten sich.
Ergänze die Personalpronomen.

Marco: Die **Melone** ist schon geschnitten. Wir können *sie* ____ sofort essen.

Lea: Der **Eistee** stand im Kühlschrank. Jetzt ist ______ eiskalt.

Marco: Das **Kartenspiel** ist neu. Ich habe ______ noch nie gespielt.

Hamid: Lea, hast du auch an die **Becher** gedacht?
Wir brauchen ______ für den Eistee.

Wortart: Personalpronomen

Wissen kompakt

Ein Text klingt besser, wenn wir ein Nomen nicht ständig wiederholen.
Wir können das Nomen durch das Personalpronomen ersetzen.

sie
Die Katze faucht, weil ~~die Katze~~ einen Hund entdeckt hat.

Becher für den Eistee

Lea ärgert sich, denn Lea hat die Becher vergessen. **Hamid** hat eine Idee. Hamid läuft zum Kiosk. **Die Verkäuferin** ist nett, denn die Verkäuferin schenkt Hamid die Becher. Nun können **die Freunde** doch den Eistee trinken. Die Freunde freuen sich über den schönen Nachmittag.

3 Im Text wiederholen sich einige Nomen.
a. Markiere die Wiederholungen.
b. Schreibe die Nomen und die passenden Personalpronomen auf.

Lea – sie,

4 Überarbeite den Text.
a. Ersetze die markierten Nomen durch die Personalpronomen.
b. Schreibe die Sätze auf.
Achtung: Am Satzanfang musst du die Pronomen großschreiben.

Lea ärgert sich, denn sie

Wortart: Personalpronomen

Wissen kompakt

Personalpronomen können wir **für Lebewesen, Gegenstände oder gedachte Dinge einsetzen**. Personalpronomen helfen dabei, häufige Wiederholungen von Nomen zu vermeiden.

ich – du – er – sie – es – wir – ihr – sie
Der Junge fiel vom Fahrrad. Er weinte.
Das Rad fiel um. Es war aber nicht kaputt.
Die Zeit vergeht schnell. Sie rast geradezu.

Am Ende der Woche treffen sich die Schüler der Klasse 5b im Klassenrat. In der letzten Woche sind einige Gegenstände verschwunden.

„Meine Schere ist verschwunden, sie war immer in meinem Mäppchen“, beschwert sich Anna. „Ich habe meine Jacke gestern in der Schule vergessen, heute fehlt sie“, berichtet Thomas. Naomi ist traurig, weil sie ihre Buntstifte nicht mehr finden kann. Ihre Klassenkameraden haben die fehlenden Gegenstände nicht mehr gesehen, gemeinsam wollen sie in der nächsten Pause suchen.

1 Finde in den Sätzen alle Personalpronomen. Markiere sie.
Für welches Nomen steht das Pronomen jeweils? Schreibe es auf.

sie – die Schere,

Die Suche nach den vermissten Gegenständen geht weiter.

Paul und Tarik haben eine gute Idee. ~~Paul und Tarik~~ wollen in den anderen Klassen nach den vermissten Sachen fragen. Anna weiß, dass der Hausmeister Fundsachen in seinem Büro sammelt. Anna möchte bei ihm nachfragen. Die Klassenlehrerin Frau Meier hat auch eine Fundkiste. Frau Meier gibt sie den Kindern, um nach den Sachen zu sehen.

2 **a.** Einige Nomen wiederholen sich. Streiche diese Wörter durch.
b. Schreibe die Sätze ab und ersetze die durchgestrichenen Nomen durch Pronomen.

***Paul und Tarik** haben eine gute Idee. **Sie** wollen*

Wortart: Possessivpronomen

Wissen kompakt

Possessivpronomen sagen, **wem** etwas gehört. Die **Endungen** der Possessivpronomen richten sich nach dem dazugehörigen **Nomen**.	*mein Füller, dein Buch, ihre Flöte* *der/das → mein, dein, sein/sein/ihr, unser, euer, ihr* *die/die → meine, deine, seine/seine/ihre, unsere, euer, ihre*

Zu Hause erzählt Naomi ihrer Mutter von den vermissten Sachen.

Ich vermisse meine Buntstifte. Ich habe sie wie immer in mein Bastelfach geräumt. Thomas kann seine Jacke nicht mehr finden und Anna vermisst ihre Schere. Wir haben überall gesucht.

1 **a.** Finde vier Possessivpronomen im Text. Markiere sie.
b. Schreibe jedes Possessivpronomen mit dem dazugehörigen Nomen auf.

meine Buntstifte ____________________

____

Die Klasse hat fleißig gesucht und alle Gegenstände wiedergefunden.

Anna klopft beim Hausmeister. „Wir vermissen Gegenstände aus *unserer* ______ Klasse. Könnte ich in der Fundkiste nachsehen?", fragt sie. „Was fehlt euch denn?", erkundigt sich der Hausmeister. Anna antwortet: „Ich vermisse ______ Schere, Thomas ______ Jacke und Naomi ______ Buntstifte. Wir können ______ Gegenstände nicht mehr finden." „Ihr müsst besser auf ______ Sachen aufpassen", meint der Hausmeister und gibt Anna die Kiste. „Ich habe ______ Sachen leider nicht gefunden, aber Thomas wird sich freuen", denkt Anna. Wenigstens er hat ______ Jacke wieder.

ich – mein/meine
du – dein/deine
er – sein/seine
sie – ihr/ihre
es – sein/seine
wir – unser/unsere
ihr – euer/eure
sie – ihr/ihre

2 Ergänze die fehlenden Pronomen im Text. Die blau gedruckten Wörter helfen dir.

Wortart: Adjektive

Wissen kompakt

Wörter wie *rot, groß, weich* sind **Adjektive**.
Mit Adjektiven können wir beschreiben, **wie etwas ist**.
Die Jacke ist rot. Das Haus ist groß. Die Kissen sind weich.

In Robins Klassenraum gibt es eine neue Leseecke.

1 Robin beschreibt seinem Bruder die Leseecke.
a. Sieh dir das Bild an.
b. Ergänze passende Adjektive vom Rand.

gemütlich, bunt, rot, blau, voll, schön

Wir haben jetzt eine Leseecke. Sie ist *gemütlich* ____________.

Das Sofa ist ____________.

Der Teppich ist ____________.

Das Bücherregal ist schon fast ____________.

Die Lampe ist ____________.

Und die Pflanzen sind ____________.

2 Im Klassenraum gibt es auch diese Gegenstände.
Schreibe drei Sätze. Wähle Adjektive aus.

lang, rund, hart, dünn, neu, kaputt

Das Lineal ist ____________.

____

____

Wortart: Adjektive

Wissen kompakt

Mit Adjektiven können wir **Gegensätze** beschreiben.
Der Bus ist nicht neu. Er ist schon alt.
Die Jugendherberge ist gut. Aber das Essen ist schlecht.

Robin erzählt mehr von seiner Klasse. Er beschreibt viele Gegensätze.

groß – klein | *leise – laut* | *schmutzig – sauber* | *schwer – leicht* | *alt – neu*

3 Ergänze passende Adjektive.

Das Sofa ist nicht groß. Es ist *klein* ______.

Der Computer ist schon alt. Aber der Drucker ist ______.

Der Fußboden ist oft schmutzig. Aber die Tische sind ______.

Die Kinder sind manchmal leise und manchmal ______.

Diese Aufgaben sind nicht schwer, sie sind ______.

Ein Rätsel

1 **Es liegt auf dem Sofa. Es ist nicht klein, es ist ziemlich groß.**
2 **Es ist rechteckig und nicht rund.**
3 **Es ist weiß und die Punkte darauf sind schwarz.**
4 **Außerdem ist es weich und nicht hart. Was ist das?**

4 In dem Text findest du 8 Adjektive. Markiere sie.

5 Was liegt auf dem Sofa? Schreibe die Antwort auf.

______

6 Beschreibe einen Gegenstand in deinem Klassenraum.
Schreibe einen Satz mit Adjektiven auf.

______

______

Wortart: Adjektive

Wissen kompakt

Mit **Adjektiven** können wir Lebewesen, Gegenstände und Gedachtes besser **beschreiben** und **vergleichen** oder auch **Gegensätze ausdrücken.**

Steht das Adjektiv vor einem Nomen, verändert sich seine Endung.

der große Hund, das große Auto, die große Tafel
ein großer Hund, ein großes Auto, eine große Tafel

Adjektive können wir **steigern**. So können wir **Unterschiede** und **Gegensätze** beschreiben.

Grundform	*Komparativ (1. Steigerungsform)*	*Superlativ (2. Steigerungsform)*
(so) groß (wie)	*größer (als)*	*am größten*

Hanna und Tim vergleichen im Sportunterricht Gegenstände.

1 **a.** Ergänze die passenden Adjektive.

Der Federball ist ______________.

Der Medizinball ist ______________.

Der Sofball ist ______________.

Der Fußball ist ______________.

Die Bank ist ______________.

Der Kasten ist ______________.

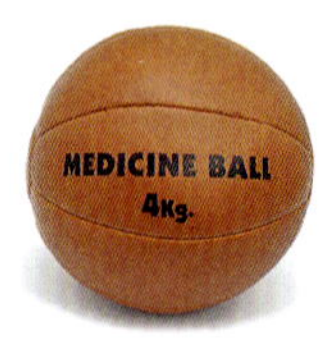

leicht, schwer

weich, hart

lang, kurz

b. Schreibe zu jedem Gegensatz-Paar einen Satz auf:

Der Federball ist leicht, aber der Medizinball ist schwer.

2 **a.** Verbinde die Gegensätze.
b. Schreibe mit jedem Gegensatz-Paar einen Satz in dein Heft.

Die Übung am Boden war einfach, das Turnen an den Ringen dagegen schwierig.

einfach	*schwierig*
hell	*stark*
schwach	*spitz*
stumpf	*dunkel*

Auf dem Schulausflug in den Zoo sehen die Kinder viele unterschiedliche Tiere.

3 Ergänze die Sätze mit einem passenden Adjektiv.

Der Elefant ist ______________.

Die Giraffe ist ______________.

dick, dünn

Das Nashorn ist ______________.

Das Erdmännchen ist ______________.

groß, klein

Der Löwe ist ______________.

Der Esel ist ______________.

schnell, langsam

Luisa und Kolya vergleichen die Tiere, die sie im Zoo gesehen haben.

4 Bilde die Steigerungsformen. Schreibe sie auf.

klein | groß | dick | dünn | schnell | langsam

klein – kleiner – am kleinsten

____

____

____

5 Vergleiche die Tiere aus Aufgabe 1 miteinander. Du kannst weitere Tiere ergänzen. Schreibe vier Sätze auf.

Das Nashorn ist größer als der Esel. Aber der Elefant ist am größten und am dicksten.

Die Giraffe ist ____

____

____

____

____

____

Wortart: Verben

Wissen kompakt

Die Wörter *schreiben, klettern, schlafen, regnen* sind **Verben**.
Verben sagen, **was wir tun** oder **was passiert**.

Ein Fest im Hof

David und Yasmin **planen** mit ihren Eltern ein Fest im Hof.
David und Yasmin **schreiben** ein Plakat.
Die Eltern **fegen** den Hof.
David und Yasmin **basteln** Girlanden.
Sie **schmücken** den Hof.
Die Eltern **kaufen** die Getränke.
Sie **holen** Bänke und Tische aus dem Keller.

1 David, Yasmin und ihre Eltern haben viel zu tun. Was machen sie?
Im Text sind die Verben blau gedruckt.
Schreibe die Verben auf.

planen, ______________________________

____

Auch in der Küche gibt es viel zu tun.

2 Was machen David, Yasmin und ihre Eltern in der Küche?
Ergänze passende Verben.

Die Eltern ______________ das Gemüse.

Sie ______________ das Fleisch.

Sie ______________ einen Kuchen.

schneiden, würzen, backen

David und Yasmin ______________ den Salat.

Sie ______________ die Kräuter.

Sie ______________ den Kuchen.

waschen, hacken, probieren

Wortart: Verben

Wissen kompakt

Verben haben eine **Grundform** (Infinitiv): *rufen*.
Verben können wir mit **ich**, **du**, **er**, **sie** und **wir** verbinden.
Dann verändern sich die Verben:
rufen: ich rufe – du rufst – er ruft – sie ruft – wir rufen.

David und Yasmin überlegen, was noch zu tun ist.
Was tue ich? Was tust du? Was tun wir?

3 a. Ergänze die Sätze mit den Verben vom Rand.
b. Markiere bei jedem Verb, was sich verändert.

Ich *hole* ______ die Gläser.

Du ______ die Kerzen.

Wir ______ die Stühle.

hole
holst
holen

Ich ______ Melik, ob er Musik mitbringt.

Du ______ Opa, ob er beim Grillen hilft.

Wir ______ die Nachbarn, wann sie kommen.

frage
fragst
fragen

Das Fest beginnt. Was tut David? Er trinkt einen Saft.
Was tut Yasmin? Sie redet mit der Nachbarin.

4 Ergänze die Sätze mit passenden Verben.

David *begrüßt* ______ die Gäste.

Er ______, was sie trinken möchten.

Er ______ noch die Oliven.

Yasmin ______ Fotos von allen Gästen.

Sie ______ ein Lied auf der Gitarre.

begrüßt,
macht,
fragt,
holt,
spielt

Verben im Präsens

Wissen kompakt

Verben im **Präsens** sagen, **was wir jetzt tun** oder **was wir regelmäßig tun**.
Ich schreibe einen Brief. Tom macht Hausaufgaben.
Wir spielen jeden Samstag Handball.

Heute ist schulfrei. Lena macht etwas Besonderes.

1 Lena besucht den Zoo.
2 Sie beobachtet die Löwen, die Elefanten und die Zebras.
3 Sie füttert die Ziegen im Streichelzoo.
4 Sie fotografiert die Affen im Affenhaus.
5 Für ihren Bruder kauft Lena eine Postkarte mit einem Tiger.

1 In dem Text findest du Verben im Präsens.
a. Markiere die Verben.
b. Schreibe die Verben zusammen mit der Grundform auf.

besuchen, füttern, kaufen, fotografieren, beobachten

sie besucht – besuchen, ______

______

______

______

2 Was machen die anderen Kinder an dem schulfreien Tag?
Ergänze die Sätze mit passenden Verben im Präsens.

backen, hören, putzen, gehen, spielen, chatten

Antonia *backt* ______ einen Kuchen.

David und Cem ______ Tischtennis.

Ines und Melik ______ ihre Fahrräder.

Melanie ______ ins Kino.

Kati ______ Musik.

Paul ______ mit seinem Onkel.

Verben im Präsens

Die Kinder haben Hobbys, die sie regelmäßig ausüben.

1 David spielt jeden Mittwoch Fußball.
2 Cem angelt oft am Wochenende.
3 Yasmin übt jeden Tag Gitarre.
4 Kati tanzt jede Woche in einer Sambagruppe.
5 Theo und Cem helfen regelmäßig bei der freiwilligen Feuerwehr.

3 In dem Text findest du Verben im Präsens.
Markiere die Verben.

4 Was machen die Kinder regelmäßig?
Schreibe Sätze. Achte auf das passende Verb.

<table>
<tr><td>Lisa</td><td rowspan="4">gehen
trainieren
schreiben
füttern</td><td>jeden Sonntag ins Schwimmbad.</td></tr>
<tr><td>Erdem</td><td>regelmäßig im Handballverein.</td></tr>
<tr><td>Dilek und Paul</td><td>jeden Tag die Kaninchen.</td></tr>
<tr><td>Antonia</td><td>jeden Abend in ihr Tagebuch.</td></tr>
</table>

5 Was ist dein Hobby? Was machst du regelmäßig?
Schreibe einen Satz.

Wortart: Verben

Wissen kompakt

Verben sagen, was wir tun oder was geschieht: *lernen, regnen.*

Verben können wir verbinden mit	*ich lerne*	*wir lernen*
ich, **du**, **er/sie/es**, **wir**, **ihr**, **sie**.	*du lernst*	*ihr lernt*
Dann verändern sich die Verben.	*er/sie/es lernt*	*sie lernen*

Jugendliche von heute und früher haben ähnliche Interessen. Zuerst berichtet Martina in der Schülerzeitung über Jugendliche von heute.

Heute verbringen die Jugendlichen viel Zeit mit ihren Freunden. Sie gehen zum Beispiel zusammen ins Kino oder essen Eis in der Eisdiele. Viele Jugendliche treiben Sport: Sie spielen Fußball oder Volleyball, schwimmen, reiten oder fahren Inlineskates. Außerdem hören Teenager Musik, schauen Fernsehen, spielen Computerspiele oder surfen im Internet. Einige Jugendliche lesen in ihrer Freizeit.

1 **a.** Finde die Verben im Text. Markiere sie.
b. Schreibe die Verben aus dem Text auf.

verbringen, ______

______

______

Martina hat für ihren Bericht einige Jugendliche zu ihren Hobbys befragt.

2 Was tun Hanna und Tim nach der Schule?
a. Sieh dir die Bilder an.
b. Ergänze die Sätze. Achte auf die veränderten Verbformen im Satz.

Hanna und Tim ______

Hanna und Tim ______

Hanna und Tim ______

zelten,
spielen,
sitzen

Wortart: Verben – die Zeitform Präsens

Wissen kompakt

Verben bilden verschiedene Zeitformen. Mit den Zeitformen können wir angeben, ob etwas in der **Gegenwart**, der **Vergangenheit** oder der **Zukunft** geschieht.

Das **Präsens** verwenden wir, um zu sagen, was wir **jetzt** tun oder was wir **regelmäßig** tun.	*ich lese, ich atme* *Ich lese gerade jetzt ein Buch.* *Ich lese jeden Abend ein Buch.*
Zusammengesetzte Verben im Präsens stehen im Satz auseinander.	*mitbringen* *Sie bringen den Ball mit.*

Was Tobias gern tut

Tobias **geht** gern ins Kino. Am liebsten **sieht** er Abenteuerfilme. Vor dem Kino **liest** er das Werbeplakat für einen neuen Abenteuerfilm mit Piraten. Den Film will er sich unbedingt ansehen. Aber er **weiß** noch nicht, wen er mitnehmen soll. Zum Glück läuft der Film noch ein paar Wochen. Am liebsten **isst** Tobias im Kino Popcorn.

1 Was tut Tobias alles?

a. Schreibe die blau gedruckten Verben auf die Linien. Schreibe jeweils die Grundform (den Infinitiv) dazu.

b. Finde weitere Verben im Text. Markiere sie.

er geht – gehen, ____________________

____

2 Ergänze in den folgenden Sätzen das passende Verb in der richtigen Form.

wandern | fahren | sehen | hören | lösen | gehen

Ich ____________ gern Trickfilme.

Du ____________ viel mit dem Fahrrad

Sie / Er / Es ____________ gern Kreuzworträtsel.

Wir ____________ durch die Berge.

Ihr ____________ gern Musik.

Sie ____________ häufig in den Zoo.

3 Was tust du gern in der Freizeit? Schreibe in dein Heft. Markiere die Verben.

Wortart: Verben – die Zeitform Präteritum

Wissen kompakt

Verben bilden verschiedene Zeitformen. Mit den Zeitformen können wir angeben, ob etwas in der **Gegenwart**, der **Vergangenheit** oder der **Zukunft** geschieht.

Das **Präteritum** verwenden wir, wenn wir **schriftlich** über Vergangenes berichten.	*ich lernte, es regnete* *Es regnete den ganzen Tag.*
Bei einigen unregelmäßigen (starken) Verben ändert sich im Präteritum der Wortstamm.	*lesen – ich las, nehmen – sie nahm* *Früher gab es noch keine Computer.*
Zusammengesetzte Verben im Präteritum stehen im Satz auseinander.	*mitbringen* *Wir brachten eine Tasche mit.*

Martina berichtet über die Interessen der Jugendlichen früher.

Früher hörten die Jugendlichen Musik von Plattenspielern. Wenn man schon älter war, ging man in eine Bar. Dort konnte man seine Lieblingslieder in der Jukebox hören. Dazu musste man Geld in den Automaten werfen, dann spielte er das Lied. Bei schönem Wetter spielten die Jugendlichen draußen Fußball, Murmeln oder Himmel und Hölle. Einen Fernseher hatten nur wenige Leute. Auf dem Lande öffnete das Kino nur im Winter. Die wenigsten besaßen ein Auto. Man fuhr Fahrrad.

1 **a.** Finde im Text die zehn Verben im Präteritum. Markiere sie.
b. Schreibe die Verben auf. Schreibe jeweils den Infinitiv (die Grundform) dazu.

hörten – hören, ______________________

____

____

____

Martinas Bericht über die Vergangenheit enthält noch weitere Informationen.

2 Ergänze den Bericht. Setze die Verben aus den Klammern im Präteritum ein.

Man ______________ früher mit Kohle und Holz. (heizen)

Jugendliche ______________ nur wenig Kleidung. (kaufen)

Die Mutter ______________ die meisten Kleider selbst. (nähen)

Bei einigen Verben ändert sich im Präteritum der Verbstamm.

3 Hier gehören immer drei Verben zusammen.

a. Verbinde die zusammengehörenden Verben.

nehmen	sie trinkt	er gab
trinken	er nimmt	er las
fahren	sie isst	sie trank
lesen	er gibt	er nahm
essen	sie fährt	sie aß
fallen	es fällt	sie fuhr
geben	er liest	es fiel

b. Zeichne die Tabelle in dein Heft. Ordne die Verben in die Spalten ein.

c. Markiere, was sich im Wortstamm verändert.

Infinitiv (Grundform)	*Präsens*	*Präteritum*
nehmen	*er nimmt*	*er nahm*

Den folgenden Bericht hat Martina im Internet recherchiert

4 Setze die Verben im Präteritum ein.

lernen | stehen | schreiben | sein | können | werden | schlagen | gehen

Etwa zu Beginn des Jahres 1900 ____________

in einer Schulklasse bis zu 100 Schüler. Manche Schüler

____________ im Unterricht. Sie ____________

auf Holztafeln, später auf Schiefertafeln. Die Schiefertafel

____________ praktisch, weil man das Geschriebene

immer wieder wegwischen ____________.

Schreibhefte und Federn mit Tinte ____________

erst in höheren Klassen verwendet.

Manche Lehrer ____________ die Kinder oft mit der Rute oder dem Stock.

Viele Kinder ____________ verängstigt in die Schule.

Die Wortarten im Überblick

Nomen (Namenwort)	
Nomen bezeichnen **Lebewesen** (Menschen, Tiere, Pflanzen) und **Gegenstände**. Nomen bezeichnen auch **gedachte oder vorgestellte Dinge**.	*die Frau, der Hund, der Baum, das Rad* *der Hunger, das Glück, die Zeit* *Die Frau hat Zeit. Sie hält den Hund an der Leine.*
Artikel (Begleiter)	
Artikel **begleiten Nomen**. Vor einem Nomen steht oft ein **bestimmter Artikel** (der, das, die) oder ein **unbestimmter Artikel** (ein, ein, eine).	*der Mann – ein Mann* *das Kind – ein Kind* *die Uhr – eine Uhr* *An der Ecke steht ein Kind. Das Kind trägt eine Uhr. Die Uhr ist groß.*
Adjektiv (Eigenschaftswort)	
Mit Adjektiven können wir Lebewesen und Gegenstände genauer **beschreiben**. Adjektive sagen, **wie** etwas ist.	*klein, rund, blau* *Der Ball ist rund und blau. Dieser runde, blaue Ball liegt in der Ecke.*
Verb (Tuwort)	
Verben sagen, was wir **tun**.	*lesen, rennen, lachen* *Ich lese ein Buch. Du rennst zu mir. Wir lachen gemeinsam.*
Personalpronomen (persönliches Fürwort)	
Personalpronomen können wir **für Lebewesen, Gegenstände oder gedachte Dinge einsetzen**. Personalpronomen helfen dabei, häufige Wiederholungen von Nomen zu vermeiden.	*ich – du – er – sie – es – wir – ihr – sie* *Der Junge fiel vom Fahrrad. Er weinte. Das Rad lag auf der Kreuzung. Es war nicht ganz kaputt.* *Die Zeit vergeht sehr schnell. Sie scheint zu rasen.*